佐藤 優

イスラエルとユダヤ人に関するノート

ミルトス

イスラエルとユダヤ人に関するノート／目次

Ⅲ　日本とイスラエルの考察ノート

Ⅳ　イラン、シリア、北朝鮮の考察ノート

V　キリスト教神学生への手紙

まえがき

イスラエルは独特の魅力がある国だ。イスラエルは通常の国民国家ではない。全世界のユダヤ人を擁護するという特別の使命を持っている。それだから、イスラエル人は、つまらない常識の枠組みにとらわれない自由な発想をすることができる。

真理は具体的でなくてはならないので、実例を示す。去年（二〇一四年）五月にイスラエルに出張したときに元イスラエル政府高官で現在は民間のシンクタンクを主宰している人から聞いた話のメモだ。外交官やインテリジェンス機関の公電（公務に用いる電報）のスタイルで私はメモを残した。

〈国際関係の構造的変化

情報源：元イスラエル政府高官

入手時期：二〇一四年五月下旬

1．過去二十年で、国際社会の構造が抜本的に変化している。その根本要因は、ソ連型社会主義体制の崩壊である。
2. 民主主義的な国家は、カネと情報に対する統制を失いつつある。
3. 以前から、世界全体の上位五パーセントの富裕層が、富の相当部分を保有していた。このような金持ちは、共産主義革命を恐れたので、国家の反共政策に協力し、富の再分配にも応じた。共産主義体制の崩壊によって、富裕層には政府の要請に応じて富の再分配を行なう動機がなくなった。
4. さらに富裕層の上層部に富が蓄積される傾向が強まっている。個人で途上国の年間予算以上の資産を持っている人も珍しくない。IBMの資産は、中堅国家のGDPに相当する。このような事態は、過去になかった。政府の金融、財政政策が実体経済に与える影響もきわめて限定的である。
5. さらに政府は情報に対する統制を失った。質量共に飛躍的に増大する社会の情報を政府部門は把握することができない。情報テクノロジーの進歩のスピードに政府機関はついていくことができない。
6. もちろん民間部門は軍隊のような暴力装置を持っていない。従って、国家の暴力装置を背景にカネと情報を統制することが、理論的には可能である。しかし、現実的に考えた場合、民主主義制度の発達した国で、このようなシナリオを採用することは不可能である。そもそも軍人は政治に関与してはならないという教育を民主主義国では、職業軍人に対して徹底的に刷り込んでいる。この刷り込みの枠組みから、軍隊全体が逸脱することはできない。社会における軍人の地位が高いイスラエルでも、将官クラスの経験を持つ軍人が政治に関与することが以前と比べ、はるかに少なくなっている。

7．政府と民間部門のギャップを埋める新しいメカニズムが生まれている。ビル・ゲイツをはじめとする超富裕層に属する人々は、例外なく自らのファンド（基金）をつくり、そこに私財を投入している。大雑把に言って、超富裕層は個人資産の五〇パーセントを基金に寄付している。これは慈善事業ではない。超富裕層が、政府を経由しないで社会に富を還元するメカニズムを作ろうとしている。超富裕層が自らの地位を安定的に維持するためには、このような富の再分配機構が不可欠になる。この種の基金は、超富裕層と社会をつなぐパイプなのである。

8．このようなメカニズムが普及することによって、政府の社会に与える機能は、当然のことながら弱くなり、社会における国家の占める場も少なくなる。米国のケネディ・センターには、「あなたが国家から何をしてもらえるかでなく、あなたが国家のために何をできるかを考えよ」というスローガンが書かれているが、いまやそれを「あなたが国家から何をしてもらえるかでなく、国家なしにあなたが何をできるかについて考えよ」と書き改める必要がある。いずれにせよ、政府を経由しない富裕層から社会へのパイプが国内外の政策策定に無視できない影響力を行使するようになっている。

9．ウクライナ危機で、民族問題の危険性が再認識されている。民族問題をめぐっては悲観論に立たざるをえない。歴史は繰り返す。民族問題は解決されたのではなく、停滞期に入っていたに過ぎない。再び民族意識高揚の波が世界的規模で襲っているのだと思う。人間の性格は百年程度の短期間に根本的に変化することはない。波動が繰り返すだけである。

10．米国のオバマ大統領には、歴史哲学がない。それだから、民族主義の危険性を過小評価している。

11．イスラエルとして警戒しているのは、世界的規模での民族主義の高揚が反ユダヤ主義と結びつくことだ。ユダヤ主義には、

第一に宗教的な反ユダヤ主義（ユダヤ人がイエス・キリストを殺したという類いの言説）

第二にユダヤ人は遺伝的に他の人々と異なるという人種主義的反ユダヤ主義がある。たいていの場合、反ユダヤ主義にはこの二つの要素が混在している。

特に、超富裕層の政治と社会に与える影響が大きくなりつつある中で、「金持ちのユダヤ人が世界を動かしている」という類いの反ユダヤ主義が再び台頭する危険がある。ユダヤ人に、金持ちもいれば貧乏人もいる。その点については、他の人々と変わらないのに、反ユダヤ主義者には現実が曲がって見える。ウクライナとロシアの双方で、反ユダヤ主義が高まりつつある。

12．ウクライナ問題に関して、イスラエルは米国と一線を画している。この問題に深入りすることで、ロシアのユダヤ人に不利益があってはならないという観点でネタニヤフ政権は対応している。同時に、ロシアとウクライナの間でもイスラエルは厳正中立の立場を崩していない。どちらかに加担することで、両国に居住するユダヤ人に不利益が生じることを

警戒しているからだ。

13.ガリツィア地方（ウクライナ西部）のウクライナ民族主義者の反ユダヤ主義は、ナチス・ドイツに劣らない。ガリツィアからイスラエルに移住したユダヤ人の親族の多くがウクライナ民族主義者によって殺害された。この記憶が残っているので、イスラエル人はウクライナ新政権に対しても警戒心を持っている。

14.ロシア、中国、イランなどは、十九世紀の古典的戦争観に基づいて政策を遂行しているように思える。すなわち、戦争には、必ず勝者と敗者があるという前提で、勝者には戦利品を獲得する権利があるという発想だ。

これに対して、米国、EU、イスラエルは、国内的コストを考えると、なかなか戦争という手段に訴えることができない。従って、外交への依存度が高くなる。問題は、イラン、ロシア、中国が、「欧米が強硬な警告を発してもそれは口先だけで、戦争には訴える腹はない」と、認識していることだ。

従って、今後、しばらくの間、戦争に訴える覚悟をした諸国が国際政治において実力以上の影響力を行使することになるであろう。

15.中東においては、偶発的な武力衝突が発生した場合、その拡大を防ぐノウハウがイスラエル、アラブ諸国、イランのいずれにも備わっている。これに対して、東アジアでは、経験が少ないために、偶発的な武力衝突の拡大を抑えることができなくなる危険がある。米国は、それだから、尖閣諸島をめぐる日中間の緊張に強い危機意識を持っている。〉

このレベルの情勢分析や予測ができるイスラエルの専門家を私は何人も知っている。イスラエルだけが、特に秘密の情報源を持っているわけではない。情報の量と言うことならば、ＮＳＡ（国家安全保障局）によるシギント（盗聴や通信傍受を用いたインテリジェンス活動）を行なっている米国の方が圧倒的に多く持っている。ここで重要なのは、元イスラエル高官が述べている「政府の社会に与える機能の変化」、「民族問題は解決されたのではなく、停滞期に入っていたに過ぎない」、「古典的戦争観と現代的戦争観の相克」という切り口だ。さらに言うと、「人間の性格は百年程度の短期間に根本的に変化することはない。波動が繰り返すだけである」という突き放したものの見方、考え方だ。

本書で私は、イスラエルとユダヤ人から学んだ事柄を記した。単に知的好奇心を満たすことではなく、「全世界に同情されながら死に絶えるよりも、全世界を敵に回しても生き残る」という気概を持つイスラエル人の愛国心、さらにそれを支える神理解（そこには一見、無神論のように見えるが、深い位相で神を信じている場合もある）から、日本国家と日本人が生き残るための知恵を学ぶことが、私が本書を著した目的である。

日本とイスラエルの国家間関係、日本人とイスラエル人の人間的関係を深化させるために、今後も私は努力していきたい。

佐藤　優

イスラエルとユダヤ人に関するノート

Ⅰ　私とイスラエルについての省察ノート

1話　なぜ私はイスラエルが好きなのか

日本の論壇では、中東問題について、親パレスチナ、親イランの言説が大手を振るって歩いている。筆者は、数少ない、イスラエルの立場を理解しようとつとめる論客に数え入れられているようだ。講演会の質疑応答でも、（あまり数は多くないが）思考が硬直し、自らが日本人であることを忘れ、ハマスやヒズボラの代理人であるかの如き人を相手にすることがある。

あえて挑発的な表現をするが、平均的日本人が中東問題について発言する場合、イスラエルを支持するか、ハマス、ヒズボラ、イランを支持するかは、究極的にその人の「贔屓筋《ひいきすじ》」の問題と思う。論者の趣味、あるいは差異の問題と言い換えてもよいかもしれない。ヘーゲルの理解では、矛盾や対立は解消可能であるが、差異は解消できない。

筆者がイスラエルを支持する理由はいくつもあるが、その基本は、日本とイスラエルが、国際関係の「ゲームのルール」を共有していることだ。ハマス、ヒズボラ、イランは、いずれもイスラエルの生存権を否定している。これに対して、イスラエルは、イラン、レバノンという存在を認め、将来のパレスチナ人国家の創設を認めるという基本的立場をとっている。イスラエルを植民地扱いし、ユダヤ人を追放するような乱暴な言説が日本で流通していることは、偶然でない。構造的要因がある。その原因の一つが日本外務省のアラビア語専門家の養成システムにあると筆者は考えている。

外交官の語学研修

外交官は、キャリア（国家公務員採用I種試験合格者）、ノンキャリア（外務省専門職員採用試験合格者）のいずれであっても二～三年の在外研修を行なう。

外務省は、日本の大学の外国語教育をまったく信用していない。実際、ロシア語やドイツ語でも、大学の第二外国語で単位をとって、中途半端な知識がある者の方が、ゼロからスタートする者よりも語学力は伸びない。外務省の研修生には、学位取得は求められない。それよりも少しでも現地人に近い語学力を身につけろと命じられる。

英語、ドイツ語、フランス語などの研修期間は、キャリア、ノンキャリアともに二年である。これに対して、ロシア語、中国語は、キャリアは三年、ノンキャリアは二年だ。キャリアが一年長いのは、英米で地域研究を行なうからという建前になっているが、実際は英語を習得するためだ。キャリア職員の場合、ロシア語、中国語、アラビア語などの特殊語を研修しても、実務では英語を用いる機会が圧倒的に多い。フランス語、ドイツ語の研修ならば、これらの研修語と並行して、英語を勉強することができるが、ロシアや中国で英語を勉強しても、外交実務をこなす水準に到達しないので、キャリア職員には一年間、英語圏で研修する機会を与えているのだ。

ちなみに筆者は、ノンキャリア職員であるが、一年間（正確に言うと一年二カ月間）、英国で研修した。ソ連は日本を敵視し、モスクワ国立大学に直接留学しても、ロシア語の基礎力が身につかないからだ。かつて、笑い話のような事実を『自壊する帝国』に書いたので引用しておく。

〈ソ連建国の父レーニンは、西側の外交官はすべてスパイであると考えていた。語学力が弱くてはスパイとしては使い物にならない。従って、〝スパイの卵〟である日本外務省の研修生が、できるだけロシア語が下手になるような特別コースがモスクワ大学には用意されていた。

私たち外務省研修生には、ロシア語の基本文法をシステマティックに学ぶ予科や、外国人へのロシア語教育を専門にするプーシキン大学への入学が認められず、中級程度のロシア語の知識があることを前提とする外国語学部人文系外国人用ロシア語学科にしか受け入れられなかった。人文系学部棟八階の東端にある外国人用ロシア語学科以外の授業を聞くことをソ連当局は認めなかったのだ。ここでは、とても奇妙な授業が行なわれていた。例えば、自由討論のテーマは以下のようなものだ。

「イラン・コントラ疑惑（ＣＩＡ〈米中央情報部〉が国交を断絶しているイランに秘かに

武器を売却し、ニカラグアの親米反政府組織『コントラ』の支援資金にしていたという事件）における アメリカとその同盟国の二重基準を批判しなさい」

「日本における少数派差別と、それに対していかなる政治勢力が果敢な闘争を行なっているかについて論じなさい」

この自由討論のクラスメートは、東ドイツ、ブルガリア、シリアの学生で、私以外の資本主義国出身者はノルウェーの大学助手だったが、彼女はノルウェー共産党員だったので、授業では私だけが吊し上げられることになる。〉（佐藤優『自壊する帝国』新潮文庫、〇八年、五四～五五頁）

英国の陸軍語学学校

モスクワ国立大学がこういう状態だから、研修生は英国か米国の陸軍語学学校でロシア語文法の基礎を学んだのである。ロンドン郊外（バッキンガムシャー州）のベーコンズフィールドにある陸軍語学学校のロシア語学科では、毎日二十五～二十七の単語、五～七のフレーズを暗記するというスパルタ式授業が行なわれていた。授業は英語で行なわれるので、同時に英語力もそこそこつく。

今から振り返ってみると、英国でロシア語を学んだことはひじょうによかった。神学や哲学への問題意識が先行していた筆者の場合、ロシア語を習得するためには、軍隊のような施設に缶詰になって、余計なことは考えずにひたすらロシア語学習にだけ専心する必要があったと思う。さもなければ、文法や基本語彙をおろそかにして、いきなりロシア語の思想書や文学書の読解に取り組んで、結局、かなり怪しげな語学力しか身につかなかったと思う。それと、一年強、英国軍人と将校宿舎で寝食をともにしたために、英語に対する抵抗感がなくなったことも、その後、外交官活動をする上で役に立った。

中東言語の研修先

外務省で、キャリア職員が学ぶ中東言語はアラビア語だけである。研修期間は三年間で、最初、シリアかエジプトで二年間学び、残り一年は英米で中東地域研究を行なう。この英米研修の目的も、中国やロシア語を研修するキャリア職員と同じで、英語に慣れ親しむことだ。

ノンキャリア職員が学ぶ中東言語は、アラビア語、ペルシア語、トルコ語、ヘブライ語である。トルコ語、ヘブライ語の研修期間は二年、ペルシア語は二年半、アラビア語は三年である。ただし、アラビア語を研修する専門職員の場合、キャリア職員のように英米に留学することはなく、シリアもしくはエジプトで三年間まるまる研修する。

外交官は、青年時代に語学を研修した国に惹かれるのが一般的傾向だ。もっともソ連時代にロシア語を研修した外交官だけは、ＫＧＢ（ソ連国家保安委員会＝秘密警察）による嫌がらせを日常的に受けたので、ロシア人を嫌いになる事例が多い。アラビア語研修の外交官の場合、親アラブ的になる人が多い。

筆者が外務省に入省したのは一九八五年であったが、その頃、アラビア語研修生の八割がシリア、二割がエジプトに留学していた。当時、シリアはソ連の軍事同盟国だった。エジプトの方が西側と価値観を共有している。それにもかかわらず、シリアに研修生を送るのは、エジプト方言よりも、シリア方言の方が、汎用性が高いという判断からだった。

外務省に入ってくる二十代前半の若者たちは、基本的にノンポリで素直だ。従って、研修地での教育の影響を受けやすい。

「敵ってだぁれ」

一九九九年春のことと記憶している。鈴木宗男内閣官房副長官（当時）から電話がかかってきた。外務省の中東を担当する専門家たちとしゃぶしゃぶを食べるので同席してくれという話だった。

ちょうどその頃から筆者はイスラエルとの関係を深めていた。その会合には、筆者が信頼するヘブライ語の若手専門家も出席するということなので、「よろこんでおうかがいします」と答えた。その日は、ロシア内政に関する資料を作っていたので、午後九時頃に指定された赤坂見附の雑居ビル地下のしゃぶしゃぶ屋に行った。アラビア語の専門家数名とヘブライ語の専門家が二人いた。

会合は七時半から始まった由で、参加者はだいぶワインを飲んだようで、全員、若干、呂律《ろれつ》が回らなくなっていた。鈴木氏は十五分くらい前に来たとのことで、ワインを飲みながらしゃぶしゃぶをつまんでいた。

アラビア語専門家でもイスラーム教徒はあまりいない。しかし、任地でアルコールを飲むことがあまりないので、酒豪は少ない。ロシア専門家の場合、一食で一人あたり五〇〇グラム（ロシアのレストランでは、ウオトカはグラムで注文する。五〇〇グラムは標準的なボトル一本だ）くらいは平気で飲む。だからワインくらいで酔うようなことは滅多にない。アラビア語専門家たちはかなり酔っていたが、意識はしっかりしていた。

あるアラビア語の専門家がヘブライ語の専門家の目を見据えて言った。

「いま、私は敵の言葉を勉強しているからね。いまにみていろ。思い知らせてやるわ」

彼女はなかなかアラビア語がよくでき、現地事情にも通暁しているといわれる評判のよい後輩だった。

「敵ってだぁれ」と筆者が尋ねた。

「ヘブライ語を話すあいつらよ。国名すら口にしたくない」

彼女の瞳の中では、一九六〇年代末に爆発的人気を博した劇画「アタックNo.1」の主人公・鮎原こずえのように炎が燃えている。いったいどうしたのだろうかと筆者は思った。

「敵って決まっているじゃないの。あのシオニストの国よ」この女性外交官は、イスラエルという国名を口にするのをほんとうに毛嫌いしているのである。その話を聞いた瞬間に、筆者にはモスクワ時代の記憶がよみがえってきた。

ユダヤ人に行なわせた反シオニスト委員会

旧ソ連では、建前上、反ユダヤ主義、アンチセミティズムに反対するということになっていた。しかし、実際には反ユダヤ主義がソ連社会全体に蔓延していた。そこでソ連共産党は、「反シオニズム」という言葉を用いた。ユダヤ人は立派なソ連市民であるが、イスラエルへの帰還を求めるシオニストはソ連国家の敵であるというキャンペーンを展開したのである。そして、モスクワに「反シオニスト委員会」という民間団体を組織し、反イスラエル活動を展開させていた。

ソ連当局が陰険だったのは、反シオニスト委員会の運営をユダヤ人によって行なわせたことである。

もちろんソ連に純粋な民間団体など存在するはずはない。後ろでKGB（ソ連国家保安委員会＝秘密警察）が糸を引いていた。筆者は、モスクワ川のほとりにある「反シオニスト委員会」の本部を一度だけ訪ねたことがある。一九九〇年のことだった。対応した幹部たちは、「日本人で訪ねてきた人は初めてだ」と言って、歓待してくれた。幹部たちは、ゴルバチョフ・ソ連共産党書記長（当時）がイスラエルと国交を正常化することに強い危機感をもっていた。そして、「反シオニスト委員会としては、ソ連のユダヤ人がイスラエルに帰還するよりも、ハバロフスク近郊のユダヤ人自治州に集まって、ソビエト的ユダヤ人の共和国をつくるべきだ」と主張していたことが印象に残っている。

シリアに留学した優等生

この女性外交官のイスラエル観を知って、筆者の心の底から、「これはまずい」という気持ちがわきあがってきた。

「あなた、イスラエルに関して、敵であるとか、シオニストの国などと吐き捨てるように呼ぶのはよくない」

「どうしてですか。パレスチナ人をあれだけ虐殺しているシオニストの存在を私は認めることはできません」

「あなたがイスラエルを認めるかどうかは、関係ない。あなたはどこでアラビア語を勉強したの」

「シリアでです」

「誰のお金で勉強したの」

「自分のお金です」

「違うでしょう。外務省の研修生としてアラビア語を勉強したのでしょう。日本政府のカネで、つまり国民の税金であなたは勉強したんです。僕が言うことがどこか間違っているかな」

「それは確かに佐藤さんの指摘のとおりです」

「それじゃ、今度は少し質問を変えよう。あなたは、シリアを好きですか」

「好きです」

「アラブ人はどうかな」

「アラブ人にも嫌な人もいます。しかし、日本ではアラブ諸国やアラブ人について、あまりに理解が低いです。アラブ諸国に対する偏見を是正する必要があると思います」

「イスラエルは好きかな」

「何を聞くんですか。敵です。大嫌いです」

「どうして」

「パレスチナ人を虐殺し、パレスチナの地を占領し、植民地として支配しているからです。しかも核兵器を保有して、武力でアラブ諸国を脅しあげています。イスラエルの存在が諸悪の根源です」

この女性外交官は、きわめて真面目なのである。恐らく、学生時代はノンポリの優等生だったのだろう。外交官を志望するのだから、基本的に左翼に対する共感はないはずだ。それが、どうしてこれほど極端な反ユダヤ主義者になってしまうのだろうか？　それは彼女が優等生だからである。まず、留学したシリアにおいて、優等生となり、シリア的世界観でイスラエルを見るようになった。そして、実務についた後も、親パレスチナ的なアラブスクールの中の優等生だから、イスラエルをここまで敵視するようになるのだ。

外交官の職業的良心とは

筆者は、珍しく強い口調で言った。

「イスラエルの対パレスチナ政策によって、日本にどのような不利益があるのか、具体的に説明して欲しい」

「………」

「君は日本の国益の観点から説明できないようなことを言っているのか」

「そうじゃありません。イスラエルを支持すると日本が国際的に孤立します」

「アメリカはイスラエルを支持しているけれど、国際的に孤立なんかしていないよ。ロシアのエリツィン政権の中枢も、イスラエルとはきわめて良好な関係だよ。ソ連時代の親パレスチナ政策をロシアは放棄したよ。それによって、ロシアが国際的に孤立したわけではない」

「………」

「いいか。日本の外交官は、日本国家だけを、日本国民だけを愛するんだ。それがわれわれの職業的良心だ。戦争でどこかの国が消えてしまうようなことがあっても、日本の国益に関係がなければ、黙っている。それが外交官という職業なんだ」

アラビア語専門家の女性外交官は黙ったままだったが、そこでヘブライ語を専門とする男性外交官がはじめて発言した。

「そうすると佐藤さんは、イスラエルを支持することが国益と考えているのですか」

筆者は、「もちろんそうだ」とはっきり答えた後にその理由を三つあげて説明した。

イスラエル支持は、日本の国益に資する

第一は、総論だ。イスラエルは、自由、民主主義、市場経済という日本と共通の価値観をも

つ国家だ。イランやヒズボラ、さらにハマスが勝利し、イスラエルが消滅するようなことになれば、中東は日本や欧米とまったく異なった価値観をもつ地域になる。それは、エネルギー輸入を含め、日本の国益を毀損することになる。

第二は、日本のインテリジェンス機能を強化するためにイスラエルと提携することが日本の国益に適うからだ。特にモサド（イスラエル諜報特務庁）の人材養成術や分析法は秀逸なので、その成果を是非とも日本の国益を増進するために用いるべきだ。

第三は、ロシアとの北方領土交渉との絡みだ。イスラエルの人口は七〇〇万人であるが、その内、ユダヤ人は六三〇万人だ。その内の一〇〇万人が一九八〇年代末以降、ソ連からイスラエルに帰還したユダヤ人だ。この人々で、エリツィン大統領本人、家族、側近と良好な人脈をもっているインテリジェンス工作のプロが多数いる。また、イスラエルの外務省、モサド、アマン（軍諜報局）、ナティーブ（ソ連・東欧からユダヤ人を出国させるための秘密組織）には、優れたロシア情勢分析家がいる。イスラエルとの関係を強化して、正確なロシア情報を入手し、適切なロビー活動を大統領側近に対して行なえば、北方領土交渉で日本にとって有利な状況を作り出すことができる。

筆者は、いまの三つの理由をていねいに二人の若手外交官に説明した。

「僕がイスラエルを好きな理由は、イスラエルとの関係を強化することが日本の国益に適うと心の底から信じているからだ。僕たちは、日本国家のカネで勉強した。いくらロシア語、アラビア語、ヘブライ語ができても、日本国家のためにお仕えするという思想ができてないとダメだ。この愛国心という観点からも、周囲を敵に囲まれて、高度国防国家となることを余儀なくされたイスラエル人から学ぶべきことが多い」

二人とも「はい」と答えた。もっともアラビア語を専門とする女性外交官は、筆者の気迫に押されて「はい」と答えただけで、心底納得している様子ではなかった。

アラブスクールの問題

鈴木宗男氏（衆議院議員）は、筆者たちのやりとりを黙って観察していた。しゃぶしゃぶ屋での会合が終わり、筆者は鈴木氏に誘われ、一ツ木通りのラウンジバーに行った。鈴木氏が口火を切った。

「佐藤さん、さっきのやりとりは興味深かった」

「みっともない姿をお見せして、失礼いたしました」

「いや問題ない。彼女は外務省の若手の中では実によく頑張っている。俺としても目をかけているんだ。それがどうして、あんなに視野が狭くなってしまうんだろう。あれではいくらアラビア語ができるようになっても日本の外交官としては不適確だ。外務省のアラブスクールの反イスラエル感情は問題だ。中東は日本にとって戦略的にきわめて重要な地域だ。そこにイスラエルが存在するということ自体が国益だと俺も思う。どうしてそれが外務省の連中に見えないのだろうか」

「真面目すぎるからです」

「………」

「真面目すぎて、いつも優等生であろうとするからです。ですから、研修時代にシリアやエジプトに過剰同化してしまうのです」

「何とかならないのだろうか」

「実は、以前から考えていることがあるのです」

そういって、筆者はある腹案を鈴木氏に述べた。

イスラエルでの語学研修のすすめ

筆者が以前から温めていた腹案とは次のようなものだった。

日本外務省でアラビア語を勉強する研修生をまずイスラエルに派遣する。そこでアラビア語を勉強させるのだ。エルサレム、テルアビブ、あるいはハイファにあるアラビア語学校で基本文法を習得させる。イスラエルの語学教育は、教授法が整っている。外国語の勉強の仕方には、「子どもの勉強」と「大人の勉強」がある。「子どもの勉強」は、「こうなっているんだ。つべこべ言わずに徹底的に覚えろ」と暗記を中心に行なう学習だ。外務省のアラブスクール（アラビア語を研修する外交官）の研修期間は三年だが、最初の数カ月から一年間はシリアやエジプトの小学校に通ってアラビア語に慣れる。文字どおり、暗記を中心に「子どもの勉強」を行なうのだ。

これに対して、「大人の勉強」は、アカデミズムにおける文法学や言語学の成果を活用し、理屈を重視しながら行なう外国語学習だ。もちろん、「大人の勉強」でも、基本語彙や文例を暗記することは不可欠だ。極端に記憶力がよくない人は、外国語学習には向かない。外国語が不得意な人が外交官になると、本人にとっても不幸であるし、日本の国益を毀損する。外交官の採用試験は、憲法、国際法、経済学などの成績だけでなく、語学の適性や社交能力なども見なくてはならないのだが、どうもそれがきちんとなされていない。採用担当の外交官の語学能力が十分でなければ、受験生の語学の適性を見抜くことができない。公務員試験に合格して外交官になる人は、理屈を重視する勉強が得意なはずだ。それならば「大人の勉強」を採用した方が、語学の適性があまりない研修生でも、そこそこのレベルまでアラビア語能力を向上させることができる。

さらに、キャリア（国家公務員I種試験合格者）の場合、三年目は米国か英国の大学で中東地域事情を研究するが、ノンキャリア（外務省専門職員試験合格者）の場合、三年間、エジプトかシリアで研修する。そして真面目に勉強するが、視野が狭くなってしまい、イスラエルを敵視するようなアラブスクールの外交官が生まれてくる。イスラエルで最初の一年間、アラビア語の基本文法を勉強するとともに、国際関係や中東地域事情について研究すると、日本の国益を体現する外交官としての基礎教養がつく。

アラビア語もヘブライ語も

筆者がこの腹案を話すと、鈴木宗男氏（衆議院議員）は熱心に耳を傾けた。そして、こう言った。

「あなたの問題意識は正しい。日本外務省のアラブスクールとイランスクールは、視野が狭い。日本の国益が何であるかを大局的に考えなくてはならない。イスラエルをもっと重視すべきだ。また、アメリカやロシアでのイスラエルの重みをしっかり踏まえなくてはならない。イスラエルとの関係をもっともっと強化することが日本の国益に貢献すると思う。あなたがいうように、アラビア語の専門家の何人かはイスラエルで研修させるといい。ところで、佐藤さん、アラビア語とヘブライ語はだいぶ離れているのか」

「文字は違いますが、語系統は一緒です。言語学者で、アラビア語とヘブライ語の双方を理解するひとはかなりいます。イスラエルの外務省、モサド（諜報特務庁）、アマン（軍情報局）の専門家の話でも、言語学の基礎知識があるイスラエル人にとって、アラビア語を習得することは、それほど難しくないという話です」

「おれは、意欲と才能がある外交官は、アラビア語とヘブライ語の双方を習得してもいいと思う。ヘブライ語を習得して実務に数年ついた若手外交官に別途、研修を受けさせてアラビア語を習得させてもいいだろう。そうなれば、バランスをとって中東情勢を見ることができるようになる」

「おっしゃるとおりと思います」と筆者は答えた。

イスラエルからの情報

鈴木氏は、イスラエルの政府関係者や学者と会ってロシア情勢や中東和平についての話を聞いているうちに、その水準の高さに畏敬の念を抱くようになった。そして、日本の外交官がイスラエルとの情報交換を強化することが、日本の国益に貢献するという確信を抱くようになった。もちろん筆者も見解を共有している。

筆者は、鈴木氏がイスラエル政府の専門家からブリーフィング（情勢に関する説明）を受ける場に何度か居合わせたことがある。イスラエルの専門家は、英語もしくはロシア語を話し、それを筆者が日本語に訳す。鈴木氏はイスラエルから得た情報を記録するために専用の大学ノートを作っていた。話を聞きながらにボールペンで内容をていねいにメモに取る。そして、わからない部分、さらに詳しく知りたいと思う部分について、率直に質問する。イスラエルの専門家の優れたところは、たとえ自国にとって不利になる情報やデータでも、鈴木氏や筆者に率直に伝えてくることだ。

イスラエル人は人間的関係を大切にする。一旦、信頼関係を構築すると、どんな情報でも出し惜しみをせずに教えてくれる。鈴木氏も筆者も、日本の国益のためにイスラエルとの提携を強化すべきと考え、それを進めた。アラビア語の研修生をイスラエルで養成するという計画にも着手し始めた。ちょうどその頃に鈴木宗男バッシングが起きた。

「佐藤はイスラエルの手先である。イスラエルにイランの情報を流している」と書かれた怪文書が国会議員に届けられたこともある。外務省内には、残念ながらパレスチナのハマスやレバノンのヒズボラ、イランに共感をもつ外交官がいる。

孫崎享氏のイラン観

例えば、筆者が主任分析官として国際情報局分析第一課に勤務していたときの国際情報局長であった孫崎享氏（その後、イラン大使、防衛大学校教授を歴任）は、イランについてこう記す。

〈イスラム体制を築いたホメイニ師は『イスラーム統治論・大ジハード論』（平凡社、二〇〇三年）の中で次のように記述している（要約）。

●植民地主義者は植民地主義の目的を達成するためにはイスラムを滅亡させる基盤作りが必要であると見なした。しかしキリスト教の普及は彼らの目的ではない。彼らの物質的利益の前に立ちはだかるのはイスラムの信心であることを看取していた。

●「さ、なんじら、彼らに対して、できるだけの軍勢と繋ぎ馬を用意せよ」は侵害されることのないようにできるだけ防衛力を持てということである。

ホメイニの主張は防衛的である。コーランと同一の流れにある。

いま米国がイラク、アフガニスタンから撤退すると、両国をイスラム過激派が支配し、西側を攻めるという説がある。しかし、イスラムの教義上、この解釈は正しくない。「彼らが戦うことなく退いて和平を申し出てくるなら、神はおまえたちに彼らを制する道を与えたもうことはない」というのがコーランの教えである。追いかけて征服しろとは言っていない。逆に、西側のイラク、アフガニスタン駐留は、彼らの防衛的戦いを呼び起こす。駐留する限り戦いは続き、反西側感情が高揚し、西側への攻撃が増す。〉（孫崎享『日米同盟の正体――迷走する安全保障』講談社現代新書、二〇〇九年、一八九～一九〇頁）

現実政治を見る方法の誤り

ここで展開している孫崎氏の論理は奇妙だ。ソ連の外交政策を分析する際に、マルクス・エンゲルスの『共産党宣言』やレーニンの『帝国主義論』を引用し、その行動を正当化することには無理がある。同様にバチカン（カトリック教会）の世界戦略を分析する根拠を聖書から導き出すという手法をとるべきではない。イデオロギーと現実政治という位相の異なる問題を混同してしまうと正確な分析はできない。筆者は、イランの外交政策をコーランから導き出すという方法自体が誤っていると考える。

孫崎氏は、〈ホメイニの主張は防衛的である。コーランと同一の流れにある〉と強調するが、真実はどうであろうか。ホメイニ師を尊敬するイランのアフマディネジャード現大統領が二〇〇五年十月二十六日に行なった演説を見てみよう。

〈「イスラエル地図から消去」イラン大統領、学生前に発言　EU「暴力あおる」非難
イランのアフマディネジャード大統領が二十六日、テヘランで開かれた集会で「イスラエ

ルは地図から消し去られるべきだ」と発言し、イスラエルや欧州連合（EU）から激しい反発を受けている。

AFP通信などによると、同大統領は約四千人の学生らを前に、「イスラム世界に対抗する世界の圧制者によって（イスラエルなど）シオニスト体制がつくられた」と指摘し、「故ホメイニ師の言われたように、イスラエルは地図から消し去られるべきだ」と主張した。

この発言に対し、イスラエルのシャロン首相は二十七日、「そんな発言をする国は国連の加盟国になり得ない」と除名を呼びかけた。また、「そういう国が核兵器を持つと、イスラエルを含む中東だけでなく、欧州にたいしても危険な存在だ」と述べた。イスラエルを訪れたロシアのラブロフ外相との会談で語った、と首相府が発表した。

一方、EU議長国の英国は同日、イラン大統領発言について「暴力をあおり、国家の破壊を呼びかけるのは、国際社会の一員として極めて不適切」と厳しく非難する声明を発表した。

ブレア英首相は、非公式EU首脳会議終了後の記者会見で、「（イラン大統領の発言に）嫌悪感すらおぼえる」と怒りをあらわにした。「イスラエルに対する姿勢、テロに対する姿勢、核兵器開発に対する姿勢、すべてが受け入れられない」とかつてない調子で非難。今後、EUは米国と協調し、イランに圧力を強める考えを示した。〉（二〇〇五年十月二十八日朝日新聞夕刊）

日本の国益という観点から

筆者は、ホメイニ師、そしてその路線を継承するアフマディネジャード大統領の路線は、イスラエルに対して攻撃的で、国際秩序を混乱させ、日本の国益にも悪影響を与える可能性があると認識している。

もっとも、イスラエルが欧米による中東における植民地だという見方をすれば、アフマディネジャード大統領の姿勢も、筋の通ったものとなる。

孫崎享氏は、文筆家としても有能で、『日本外交　現場からの証言』(中公新書、一九九三年)で山本七平賞を受賞している。しかし、孫崎氏のイラン観は日本の国益に合致しないと筆者は考える。

イスラエルに関する認識で、孫崎氏と私の間にうめることのできない乖離がある。日本外務省高官で、孫崎氏のように露骨ではないが、イランに対して共感をもつ人が少なからずいる。このような状況を踏まえ、私は「イスラエルが好きである」ということを、日本の国益の観点からあえて強調するようにしている。

(二〇〇九年三月二十二日、五月十五日、七月十五日脱稿)

2話　旧約聖書の再発見とヨムキプール戦争の教訓

外交官という職業に就いたことで、筆者のものの考え方にいくつかの変化が生じた。その一つは、イスラエル国家とユダヤ人に関する認識である。

外交と神学

筆者は同志社大学神学部と大学院で組織神学を専攻した。組織神学は、英語でsystematic theology、ドイツ語でsystematische Theologieという。「体系的な神学」という意味だ。他の宗教や哲学と比較して、キリスト教が正しいことを示す護教学と考えていただければいい。従って、「キリスト教は正しい」という結論ははじめから決まっているのである。あとは、その結論に向けてどのような議論を展開すればよいか、知恵を巡らすのだ。それとともに、相手を単に論破するだけでは、組織神学の課題を果たしたことにはならない。相手を納得させ、できることならば信服させなくてはならない。「確かに理屈ではあんたの方が正しいかもしれないが、俺はそう思わない」と相手に頑張られるようでは、組織神学的には敗北なのである。このような組織神学的訓練は、外交官になってから役に立った。外交の仕事も、結論は各国政府の立場があらかじめ決まっているので、その実現に向けてどのように相手国を説得するかが肝になるからだ。

組織神学のなかで、筆者は受肉論に関心をもった。受肉論とは、神が人（イエス・キリスト）となり人間を救済するというドクトリン（教理）だ。筆者の理解では、この受肉思想にキリスト教文化の特徴がある。神が人となったことの類比で、高邁な理想があってもそれが現実の世界で具体化しないと意味がないという考え方が定着したからだ。そして、受肉論の事例研究として筆者はチェコスロバキアにおける共産党政権とプロテスタント教会の関係を研究した。「宗教は人民の阿片である」（マルクス）という科学的無神論を国是とする社会主義国家において、キリスト教徒であるということはどういう意味を持つのかを、受肉論を軸に展開したヨセフ・ルクル・フロマートカ（*Josef Lukl Hromadka* 1889-1969）というプロテスタント神学者の生涯を追体験する形で研究したのである。

もっとも一九八九年のビロード革命でチェコスロバキアの社会主義体制は崩壊した。そして、社会主義の本家・ソ連もその二年後の一九九一年に自壊してしまった。筆者が学生だった一九七九〜一九八五年は、社会主義国における教会というテーマは、まさに現実の問題を扱う組織神学の課題だった。しかし、社会主義体制が崩壊した現状では、このテーマは歴史神学の枠組みで扱う方が適当と思う。

旧約聖書を読み直して

フロマートカは、ユダヤ教の歴史と旧約聖書をとてもたいせつにした。特にエレミヤ、ヨブなどの「預言者にかえれ」ということをフロマートカは強調した。また、フロマートカの盟友だった二十世紀最大のプロテスタント神学者カール・バルト（*Karl Barth* 1886-1968）も旧約聖書を重視した。筆者は、バルトやフロマートカに惹きつけられたが、二人の旧約聖書重視の姿勢は、正直にいうとピンとこなかった。

むしろ、神学生時代に筆者は、十九世紀の自由主義神学の父といわれたフリードリヒ・シュライエルマッハー（*Friedrich Schreiermacher* 1768-1834）の聖書観に惹きつけられた。旧約聖書は新約聖書によって超克されている。ほんとうのことをいうと、旧約聖書は、聖書正典から除外してもよい補助資料であるが、「教会の平和のため」、つまり旧約聖書を排除するということになると守旧派のキリスト教徒が騒ぎ出すので、とりあえず維持していてもよいという発想に傾いてしまった。そのせいか、コイネー（新約聖書）ギリシア語、ラテン語と比較してヘブル語の勉強に力を入れなかった。

この聖書観が完全に間違えていたということを、外交官になり、イスラエル人と付き合うことによって痛感した。そして、旧約聖書を虚心坦懐に読み直した。筆者にとって外交官になった最大の成果は、ロシア語を身につけたことでも、ロシア要人に食い込んだことでも、橋本龍太郎、小渕恵三、森喜朗の三総理に直接お仕えして北方領土交渉を進めたことでもない。イスラエルの人々と知り合い、筆者自身が旧約聖書を再発見し、自らの信仰を深めたことである。筆者の常備用本棚には、日本聖書協会版の文語訳、口語訳、新共同訳の聖書が並んでおり、毎日、このどれかの聖書で、旧約聖書、新約聖書をそれぞれ読むのを日課にしている。イスラエルとの御縁ができるまでは、新約聖書は毎日読んだが、旧約聖書は気が向いたときにしか読まなかったと思う。

ヨムキプール戦争の教訓

ヨムキプール戦争（第四次中東戦争）について、イスラエルの友人たちからさまざまな話を聞くうちに筆者は旧約聖書の意味を理解したのだ。

一九七三年十月六日未明、アラブ連合軍がイスラエルを奇襲攻撃した。この日はヨムキプール（贖罪日）というユダヤ教の最も重要な祝日だ。ソ連製の最新装備で武装したアラブ連合軍の攻勢に対して、イスラエル国家が文字どおり全イスラエル人のエネルギーを吸い上げて、勝利した。まさにイスラエルの国家存亡にかかわる出来事なのである。特にインテリジェンスの世界において、ヨムキプール戦争の事例研究はとても重視されている。モサド（イスラエル諜報特務庁）は、エジプトとシリアがこの日にイスラエルを攻撃するという正確な情報をもっていた。しかし、軍と政治指導部が判断を誤った。そのために奇襲攻撃を受けてしまったのである。いくつかの幸運と、それからヨムキプールを冒涜《ぼうとく》する闇討ちにユダヤ人が憤慨し、通常想定される人間の力をはるかに超える底力を出したので、イスラエルは勝利した。戦争における精神力の重要性をヨムキプール戦争から読み取ることができる。そして、ヨムキプール戦争の中に神の意志が確実に反映されていたことを筆者は認識した。そしてそれは、旧約聖書の中に描かれているさまざまな戦争の物語の再現なのである。フロマートカによれば、神は「その時代状況において、もっとも悲惨な場の深淵まで降りてくる」と強調したが、これが旧約聖書の神観であるということに筆者は気づいた。ヨムキプール戦争はまさに神が降りてくる場だったのだ。

外務省でインテリジェンス・チームを率いたときも、ヨムキプール戦争の事例研究で情報の収集技法、評価についてさまざまな議論をした。しかし、当時は、日本語で読むことができるよい書籍がなかった。今般、この状態が抜本的に改善されることになった。戦史研究家のアブラハム・ラビノビッチ（*Abraham Rabinovich*）氏による名著『ヨムキプール戦争全史』（並木書房）の日本語版が刊行されたからだ。翻訳は、駐日イスラエル大使館のチーフインフォメーションオフィサーを長くつとめられた滝川義人氏だ。筆者も現役外交官時代に『ユダヤ読解のキーワード』（新潮選書）をはじめとする滝川氏の著作から多くを学んだ。滝川氏はイスラエル研究、ユダヤ人研究の第一人者だ。翻訳も正確で読みやすい。この本が公刊されたことで、日本のインテリジェンス能力が底上げされる。

例えば、モサド長官が、アラブ連合軍のイスラエル侵攻計画に関する情報を得るためにロンドンに行って情報源と接触する場面は、国家存亡にかかわる情報はこのようにして収集し、評価し、報告するという重要な事例だ。

〈ぱっちり目を開けていたユダヤ人が一人いた。モサッド長官のツビ・ザミールである。断食はしなかったし、コールニドレイの吟唱も聞かなかった。しかし、このヨムキプールの夜、不吉な予兆にさいなまれていたユダヤ人は、彼をおいてほかにいないだろう。モサッド長官は、記録将校をともない、ロンドンのアパートで一時間ほどザ・ソースと会った。ザ・ソースのメッセージは誠に率直な内容でエジプトが明日、日没前に攻撃すると言った。昨年十二月と今年五月の欺瞞警報と同じではないのかと問われ、ザ・ソースは、サダトが再び直前になって意志を変える可能性は排除できない、と言った。開戦準備が知られてしまったら、「外部の圧力」がシリアにかかって、参戦を思いとどまらせるかもしれない。これがエジプトの恐れるところである。外部云々とはソ連のことであるが、その人物はエジプトが開戦する可能性は「九九・九パーセント」と計算した。

ザミールは、イスラエルが味わった狼少年の前例を指摘し、警報の重みをやわらげて情報を伝えなければ、このメッセージがただちに動員を始動させると考えた。ヨムキプール時の緊急動員は、もし偽せ情報にもとづくものであれば、後で由々しい問題になる。しかし、ほかに同種の警戒情報があり過ぎるほどあるので、軽視するわけにはいかない。そこでザミールは、薄めないでそのまま伝えようと決めた。このヨムキプールの夜に、暗号に組み盗聴防止手段で送信するには時間を要すると考え、電話でエッセンスだけ話すことにした。ザミールは机に陣取ると傍受される場合を考え、隠語を使った文章を組み立てた。部外者には日常的な会話だが、仰天するような内容であった。明日夕方、ヨムキプールの終わりを告げるショファル（雄羊の角笛）吹鳴の前、天国の門が開き、しもべの祈りを受け入れて欲しいと神に訴える最後の祈りが終わらぬうちに、イスラエルは、二正面で攻撃を受けるのである。〉（八六頁）

敵政府の中枢部に出入りすることができる情報源を確保する。その情報源と信頼関係を構築するというヒュミント（人間によるインテリジェンス活動）によってしか最重要情報はとれないことがよくわかる。しかも、インテリジェンスの最高責任者が自ら話を聞いて、即時に判断するという「職人芸」が求められる。

ハマスの背後にある国際テロ

昨二〇〇八年末から、イスラエルとパレスチナのイスラーム原理主義過激派ハマスとの戦闘が本格化している。本件に関する日本の報道は一方的、すなわち、パレスチナ側に片寄っている。イスラエルが、弱いパレスチナをいじめているような印象が日本では定着しつつあるが、真相は異なる。

今回、先に攻撃を仕掛けたのはハマスの方だ。二〇〇八年六月十九日、エジプトの仲介でイスラエルとハマスの間で、半年間の停戦協定が成立した。同年十二月十八日、ハマスは一方的に「イスラエルとの停戦は終了した」と発表した。そして、同月二十四〜二十五日にかけて、ガザからイスラエルに対して約一〇〇〇発のミサイルと迫撃弾を撃ち込んだのである。イスラエルは停戦延長を申し入れていたのに対し、ハマスはそれを拒否したのみならず、イスラエルを攻撃した。これに対してイスラエルが応戦するのは、国家防衛上、当然のことだ。

日本ではあまり報道されていないが、ハマスの攻撃の背後にはイランがいる。二〇〇五年十一月、イランのアフマディネジャード大統領は、「イスラエルを地図上から抹消する」という公約をした。そして、シリアを味方に引き入れ、シリア経由でレバノンのシーア派テロ組織ヒズボラに対する支援を強化するとともに、これまで決して良好な関係にあるとはいえなかったパレスチナのスンニー派テロ組織ハマスとの提携関係を強化した。ＨＩＳＨ（ヒズボラ、イラン、シリア、ハマス）というイスラエル国家の消滅を目論む国際テロリズムの枢軸ができている。

全世界を敵に回しても生き残る

国際テロリズムとの戦いは、日本の国益にとっても重要だ。しかし、日本政府はハマスのテロを封じ込めるために毅然たる対応をとっているとはいえない。一月三日、麻生太郎総理は、日本側のイニシアティブでアッバス大統領に電話し、翌四日、中曽根外務大臣談話を発表し、日本政府として〈ガザ地区への一〇〇〇万ドル規模の緊急人道支援を含め、対パレスチナ支援を続けていく〉（外務省ＨＰ）という意向を表明した。アッバス政権は、ハマスのテロ活動を封じ込める行動を何もしていない。そのような現状でパレスチナにカネを流すことは、テロリストの活動を間接的に支援することになる。このようなテロとの戦いに逆行する行為に日本国民の税金をつぎこんではならないと筆者は考える。

イスラエルは、テロの根源であるハマスを徹底的に叩き潰す覚悟でいる。戦争になれば、どうしても行きすぎが生じてしまう。イスラエル軍の行動に対する国際社会の批判をイスラエル政府は深刻に受け止めるべきだ。しかし、われわれ日本人は、問題の本質をとらえ違えてはいけない。イスラエルのハマス掃討作戦は基本的に正しく、テロとの戦いという大義名分において日本の国益とも合致している。イスラエルは、パレスチナ国家の建設を原則として認めている。それに対してハマスはイスラエル国家の存在自体を認めない。このような非対称性があったにもかかわらず、イスラエルは忍耐強くハマスと交渉したというのが現実だ。

しかし、ハマスがイスラエル国家に対する破壊活動を本格化することを看過するほどイスラエル人はお人好しではない。第二次世界大戦時、祖国をもっていなかったために無辜の六〇〇万人ものユダヤ人が虐殺された。その教訓から建国されたのが、現在のイスラエル国家だ。「全世界に同情されながら滅亡するよりも、たとえ全世界を敵に回しても生き残る」というのがイスラエルの国是だ。

イスラエルがもつこの危機意識を理解するためにも『ヨムキプール戦争全史』を是非読むことをお勧めする。

一九七三年十月のヨムキプール戦争（第四次中東戦争）は、エジプトとシリアの奇襲によって始められた。イスラエルは核保有について肯定も否定もしないという政策をとっている。外交、インテリジェンス、軍事の世界においてイスラエルが核兵器を保有していることは、公然の秘密だ。ヨムキプール戦争においても、追い詰められたイスラエルが核兵器を使用する可能性が懸念された。『ヨムキプール戦争全史』においては、この点についても踏み込んだ記述がなされている。

〈海外でだされた複数の報告は、追いつめられたイスラエルがミサイルまたは航空機搭載の核兵器を投入する、と主張した。この分野で一番造詣が深く責任ある答えのできる人物は、核物理学者で前情報部員のユバル・ネーマン教授である。教授は戦時中ピットで生活した人物でもあるが、「いざ戦争となれば、戦略ミサイルの担当者なら、たとい通常弾頭であっても、発射準備の態勢は整えておく。当然の措置である」と指摘する。しかしながら、万一の場合に備えて核兵器を配備しておく決定は、なかったと述べている。

十月九日朝、ピットで開かれた会議は、ぴりぴりした空気が漂っていた。その中で一人の将官が、シリア軍を食い止めるために、「特別手段」に訴えることも考えてよいのではないか、と提案した。信頼すべき筋によると、参謀総長補佐のゼービ少将が、この提案を支持したという。ちなみに本人は後年右翼政党の創立者になった人物である。タル参謀次長は猛烈な勢いで反対した。前情報部長ヤーリブ少将もそうであった。参謀総長は、そんな話はよそうと述べ、検討課題からはずした。戦後新聞で発表された記事によると、一人の上級幹部がタルのところへ来て、「君が、あの狂人どもから我々を救ってくれた」と言った。〉（二六九頁）

「全世界に同情されながら滅亡するよりも、たとえ全世界を敵に回しても生き残る」という国是をもっていても、核戦争のハードルを低くし、人類を破滅の瀬戸際に追い込むシナリオをイスラエルはとらなかった。しかし、ハマスの手に核兵器が渡る場合、イスラエルのように自制するという保障はどこにもない。イランが核兵器を保有した場合、核の恫喝を用いて「イスラエル国家を地図上から抹消する」という方針を推し進めてくる危険がある。ヨムキプール戦争のときと同様に、潜在敵国イランから奇襲攻撃を受ける可能性をイスラエルは常に意識しているのだ。

ヨムキプール戦争の成果とハマス掃討作戦

歴史には、弁証法がある。ヨムキープル戦争の弁証法は、この戦争によってエジプトがイスラエルとの和平に踏み込む決断をしたことだ。

〈ヨムキプール戦争は奇襲攻撃をもって始まった。しかし、パラドックスの大御所たる歴史は、血みどろの戦場に小さな平和の種をまき、一段と奇襲性の高い結末を用意した。故郷ミット・アブルクムの木の下で夢見たサダトすらも、まさか自分がエルサレムまで行くとは考えなかった。それはシュールの世界の幻想であった。

エジプトにとって、この戦争は見上げるごとき偉業であった。イスラエルにとっては、生存を揺さぶる地震であったが、結果から見ればその影響は六日戦争の場合よりも健全であった。緒戦時に受けたトラウマは、抑圧すべき悪夢ではなく、代々受け継ぐべき民族の記憶である。浅はかな考えと傲慢の結果がこうなることを、しっかり後代に伝えていかなければならない。イスラエルが戦場で立ち直り、戦争の流れを逆転させたのは、社会に生存意志があり、混乱の中でもそれに対応できる能力が備わっていることを証明した。イスラエルに戦争の傷跡は残る。しかしそれは、暗澹たる時、若者たちが崩れゆく国家の防壁となって立ち、身を挺して守り抜いた記憶によって、癒されるのである。〉（五二〇頁）

エジプトは、一九六七年の六日戦争（第三次中東戦争）で、イスラエル軍によって徹底的に叩きのめされたトラウマを、ヨムキプール戦争の緒戦の勝利によって癒すことができたのである。同時に、アラブ諸国が一丸となって不意打ちを加えてもイスラエルを敗北させることができないことも明白になった。また、ヨムキプール戦争で、イスラエルが停戦に応じたのは、これ以上戦争が拡大するとソ連軍が本格的に介入してくると考えたからであった。一九七二年時点で、エジプトとソ連の関係はかなり悪化していた。エジプトのサダト大統領は、ソ連の影響力がこれ以上エジプトで強化されることを望まなかった。エジプトは自国の安全保障を、米国に軸足を移すことによって担保しようとした。そのためにはイスラエルとの和平、国交樹立がもっとも効果的なカードであった。

ハマスは、エジプトのムスリム同胞団の影響を受けている。ムスリム同胞団は、世俗主義的な政治体制をとるエジプト政府にとっても大きな脅威だ。
　パレスチナ人は、民族を基礎とする国民国家の創設を望んでいる。原理主義集団のハマスはテロ組織であるとともに、究極的に民族に価値を認めない。また、国民国家にも意義を認めない。イスラーム原理主義のテロ組織アルカイダと同様に、ハマスもこの地上では、一人のカリフ（皇帝）によって支配される祭政一致の単一カリフ帝国の建設を志向するのである。この野望が実現するときには、日本国家も解体されてカリフ帝国に吸収されてしまうことになる。

　イスラエルの国益を離れ、国際政治史の立場から見ると、ヨムキプール戦争の最大の成果は、ソ連の中東における影響力を著しく減少させたことである。これと同様に、イスラエルによるハマス掃討作戦は、アルカイダにつらなるカリフ帝国建設の野望に燃えたイスラーム原理主義過激派の影響力を弱める上で世界史的役割を果たすことになると筆者は考える。ハマス寄りに偏向している日本の報道では、物事の本筋が見えなくなるのではないかと筆者は深く懸念している。

（二〇〇八年十一月二十一日、〇九年一月二十日脱稿）

3話　獄中の私を支えてくれたイスラエルの友人たち

二〇一〇年一月十五日夜、石川知裕衆議院議員（民主党、北海道十一区）が政治資金規正法違反で東京地方検察庁特別捜査部によって逮捕された。筆者は石川氏と親しくしている。特に捜査に関するリーク報道で、メディアバッシングが行なわれるようになってから、筆者はほぼ毎日携帯電話で石川氏と連絡をとるようにしていた。

メディアバッシングの辛さは、それを受けた者にしかわからないところがある。報道が過熱したマスメディアは、疑惑をかけられた人物が何を説明しても、耳を傾けてくれない。石川氏は筆者に「水谷建設の社長とは面識がありません。五〇〇〇万円のカネを受け取ったことは絶対にありません」と繰り返し述べていた。筆者には、石川氏が嘘をついているとはどうしても思えないのである。しかし、匿名の「関係者」によって、石川氏が水谷建設から五〇〇〇万円の裏金を受け取ったのだという報道が流れる。石川氏は、「検察官にはほんとうのことを供述しているのに、どうして信じてくれないのでしょうか。日本はいったいどういう国なのですか。こんな国だとは思っていなかった。こんな国で政治家をやっているのが嫌になってきます」と言っていた。

その話を聞いて、筆者は八年前の鈴木宗男疑惑でメディアバッシングを受け、二〇〇二年五月十四日に特捜に逮捕されたとき、こんな国で外交官をやっているのが心底嫌になったことを思い出した。

筆者の容疑

筆者が逮捕された容疑は背任だ。二〇〇〇年四月にイスラエルのテルアビブ大学が主催した国際学会「東と西の間のロシア」に袴田茂樹青山学院大学教授、田中明彦東京大学大学院教授、末次一郎安全保障問題研究会代表（二〇〇一年に逝去した陸軍中野学校出身の社会活動家。北方領土返還運動に従事）たちを派遣したときの費用を外務省関係の団体「支援委員会」から支出したことが背任に問われたのだ。

この出張は、外務省の外務事務次官、外務審議官、欧亜局長、国際情報局長などの決裁を得ている。学会は、欧米、ロシア、イスラエルから政策に影響を与える有識者が参加し、四〇〇字詰め原稿用紙に換算すると約六三〇枚の報告書も作成した。学会の後、ゴラン高原とマサダの要塞を視察した。テルアビブ大学の費用負担で招待によるものだ。これが「遊び」というのが検察の見解だ。

冗談もいいかげんにしてほしい。イスラエル陸軍の元准将でテルアビブ大学教授兼イスラエル国防アカデミー教授のシモン・ナベー氏の案内で、筆者たちはゴラン高原を視察した。「地雷が埋まっている可能性があるので、道路の外側には出ないように」と注意されるような、ヨムキプール戦争（第四次中東戦争）の戦跡視察だ。また、マサダの要塞は、イスラエルの歴史を知る上で、不可欠の場だ。それにもかかわらず筆者を逮捕した時点で、検察はまったく事情を理解していなかった。当時の朝日新聞の記事を見てみよう。

〈学会派遣要員を佐藤前分析官が人選　まるで私的旅行

外務省の国際学会派遣をめぐる背任事件で、逮捕された前国際情報局分析1課主任分析官の佐藤優（まさる）容疑者（42）が、○○年にイスラエルに派遣するメンバーを、「佐藤グループ」と呼ばれる外務省職員の中から人選していたことが分かった。滞在期間のうち半分は観光で過ごしており、東京地検特捜部は、私的な旅行だったとの見方を強めている模様だ。

この国際学会は○○年四月三～五日にテルアビブ大学で開かれた。前分析官と個人的に付き合いのあった同大学研究所長から依頼され、日本からは学識経験者と外務省職員の計十七人が参加した。

メンバーはすべて、佐藤前分析官が人選した。外務省からは当時、ロシア支援室課長補佐だった前島陽（あきら）容疑者（37）のほかに、中近東1課や分析1課などの職員もいた。いずれも佐藤前分析官と仲がいい職員ばかり六人で、支援委員会の業務とはまったく関係ない人も含まれていたという。

六人もの職員が出席する必要もなかったとされ、あるロシア支援室関係者は「この程度の派遣にロジ担（裏方）として必要なのは、せいぜい二〜三人」と指摘している。

会議に参加した官僚の多くは、会議の後の同月六〜八日、死海やゴラン高原、エルサレムなどの観光に回った。〉（二〇〇二年五月十六日朝日新聞朝刊）

「佐藤グループ」というのは、外務省の決裁を得た「ロシア情報分析チーム」というインテリジェンスに従事するチームだ。このチームの存在自体が極秘とされていた。なぜロシアの専門家がイスラエルに関心をもったのであろうか。それは「新移民」がいるからだ。

ロシアからの移民

一九八〇年代末から二〇〇〇年までに旧ソ連諸国からイスラエルに移住した人々は「新移民」と呼ばれ、その数は百万人を超えた。イスラエルの人口は当時六百万人であったが、その内、アラブ系が百万人なので、ユダヤ人の内二〇%がロシア系の人々だった。これまでイスラエルに移住したユダヤ人は、出身地がドイツであれ、ポーランドであれ、モロッコであれ、ヘブライ語を取得し、急速にイスラエル文化に同化していった。これに対して「新移民」はロシア語とロシア文化を維持していた。

〈「新移民」は、ロシアに住んでいたときはユダヤ人としてのアイデンティティーを強くもち、リスクを冒してイスラエルに移住したのだが、イスラエルではかえってロシア人としてのアイデンティティーを確認するという複合アイデンティティーをもっている。

ロシアでは伝統的に大学、科学アカデミーなどの学者、ジャーナリスト、作家にはユダヤ人が多かったが、ソ連崩壊後は経済界、政界にもユダヤ人が多く進出した。これらのユダヤ人とイスラエルの「新移民」は緊密な関係をもっている。ロシアのビジネスマン、政治家が、モスクワでは人目があるので、機微にふれる話はテルアビブに来て行うこともめずらしくない。そのため、情報専門家の間では、イスラエルはロシア情報を得るのには絶好の場なのである。しかし、これまで日本政府関係者で、イスラエルのもつロシア情報に目をつけた人はいなかった。〉（佐藤優『国家の罠　外務省のラスプーチンと呼ばれて』新潮文庫、二〇〇七年、一六二〜一六三頁）

有益な情報源

筆者はイスラエルの政府や研究機関との関係を深め、そこから得た情報や分析は、日本の北方領土外交に有益に活用された。このような実績があるから、日本の学者代表団をテルアビブ大学主催の国際学会に派遣することを日本外務省が組織として決定したのである。外務省が国益のために遂行した業務が背任とされたのでは、たまったものではない。

逮捕されて取り調べを受けたとき、検察官が北方領土交渉やイスラエルとロシアの関係について、基本知識を欠いていることを知り、驚いた。しかし、検察の圧力下で、外務官僚や学者が「イスラエルのロシア情報には意味がない。あれは観光目的の旅行だ」という供述調書を作成し、それが裁判では証拠とされ、有罪が認定されてしまったのである。

もちろん、このような事態が起きる背後には、外務省内の反イスラエル・反ユダヤ主義勢力の暗躍がある。取り調べ検察官から「ユダヤ人は金持ちなのに、支援委員会のカネを使ったことが背任だ」と言われ、驚いた。この検察官に悪意はない。「ユダヤ人が金持ちだ」という言説が、偏見で、それ故にどれだけ多くのユダヤ人が苦しんだかという歴史に関する知識が欠如しているだけだ。

そこで取調室では、筆者が検察官に対して、イスラエルとロシアの関係、インテリジェンスにおけるイスラエルの重要性、さらに北方領土交渉の実情について話した。検察官は、関連資料を外務省から取り寄せ、裏取りをして、事態の本質を理解した。そして、観光旅行に出かけたという事件の組み立てをやめ、外務省予算ではなく、国際機関のカネを用いたことが背任にあたるという物語を組み立てていったのである。この経験を通じ、「検察の正義」がどういうものか、骨身にしみてわかった。

真の「友だち」は誰？

テルアビブの国際学会に参加した日本人の学者は、誰ひとり筆者を擁護しようとしなかった。検察や外務省と対峙することを恐れたのだろう。この体験を通じ、筆者は大学に対する関心をまったく失った。知的伝達の機関としての大学にはそれなりの意味があると思うので、頼まれれば講義をすることもある。しかし、筆者から大学で教えたいとか、研究会に出席したいと働きかけたことは、獄から出てきた後、文字どおり、一度もない。

ところで、ユダヤ人、イスラエル人は、「友だち」という言葉をとてもたいせつにする。「君と僕は友だちだ」という関係になると、どのような境遇に相手が陥っても、友だちを裏切ることはしない。筆者が逮捕されたときもイスラエルとロシアのユダヤ人たちがリスクを負って、筆者を助けてくれた。その中心になったのが、テルアビブ大学のガブリエル・ゴロデツキー教授だ。

二〇〇三年十月六日、東京地方裁判所で開かれた法廷でゴロデツキー先生が証言台に立った。

〈被告人席の左後の扉が開き、証人が入廷する。私とゴロデツキー教授の目があった。軽く会釈をした。旅の疲れが出ているのだろうか、それとも緊張で昨晩眠ることができなかったのだろうか、教授の両目は充血していた。

法廷通訳が国際情勢や政治についてあまり明るくないようなので、意思疎通にときどき齟齬があったが、大室征男主任弁護人の見事な手さばきで、背任事件の事実関係が次々と明らかにされていった。

午前中の尋問が終わり、私の手に手錠がかけられそうになる様子を見て、ゴロデツキー教授が思わず「佐藤さん」と声をかけてきた。

私は無言で首を二回縦に振った。これも規則違反だが、同行の拘置所職員は特に注意をしなかった。

ゴロデツキー教授の証言と前島陽氏の証言は多くの点で異なっている。前島証言では、国際学会のプログラムが直前までわからなかったということになっているが、ゴロデツキー教授は、開催の一ヵ月から三週間前に決定し、その時点で前島氏に連絡したと証言した。(中略)

また、ゴロデツキー教授の証言で、死海、ゴラン高原への旅行は学会発表と一体のプログラムとしてテルアビブ大学が計画したもので、観光ではなく視察で、死海はイスラエルの南、ゴラン高原は北にあるので日程が二日必要だったのであり、学会参加者中四、五名は帰国したが、それ以外の人々はこの二日間の視察に参加したことも明らかになった。この視察についても、ゴロデツキー教授は前島氏に三週間前に連絡したと述べた。

さらに、ゴロデツキー教授は、同教授の日本への招待とテルアビブ国際学会についても佐藤被告人は被告人やゴロデツキー教授の利益のために働いていたのではなく、日本政府の利益のために働いていたと明確に証言したのである。〉(前掲書四七七〜四七九頁)

二〇三〇年の情報公開を待つ

残念ながら、裁判所はゴロデツキー先生の証言を採用しなかった。日本の刑事裁判では、九九・九%が有罪になる。刑事裁判の攻防戦は、有罪か無罪かではなく、実際に刑務所に送られる実刑か、懲役刑を言い渡されるが、一定の年限、犯罪を起こさずに無事に執行猶予期間を過せば、刑を免除される執行猶予になるかである。

もっとも筆者の場合、実刑か執行猶予かは本質的問題ではなかった。公判記録に真実が記されることが何よりも重要だった。二〇三〇年になれば、情報公開法の関係で、テルアビブ国際学会に関する外務省に保管されている書類の秘密指定が解除される。そのときに筆者の主張が正しかったことを証明することは、そう難しくないと考えている。ゴロデツキー先生が証言した内容も、外務省の秘密書類で明らかにされる。

ユダヤ人の応援

逮捕され、五一二日間、東京拘置所の独房、それも複数の確定死刑囚が収監されている階で、新聞の購読が認められず、弁護士以外の面会、文通が、家族を含め、一切認められない接見等禁止措置がつけられた環境で過ごすことは、もちろん愉快ではない。しかし、悪いことばかりではなかった。その一つが、イスラエルとロシアの友だち（イスラエルの友だちがユダヤ人であることはもとより、ロシアの友だちも過半数がユダヤ系）が、リスクを冒して筆者を助けてくれたことだ。ユダヤ人は、超越的感覚をもっている。マスメディアによるバッシング報道よりも、自らの超越的感覚に照らして、筆者を助けるべきと考えてくれたのだ。

今回、石川氏が逮捕されたという話を聞いて、筆者を助けてくれたユダヤ人たちのことを思い出した。筆者はユダヤ人から、ほんものの友情がどういうものかを教わった。この人たちが筆者に接してくれたのと同じ姿勢で、筆者も石川氏に接していこうと思っている。

（二〇一〇年一月十八日脱稿）

II　ロシアとイスラエルの考察ノート

4話　モスクワのオランダ大使館領事部

今でもよく覚えているが、一九八八年十一月のことである。モスクワでは九月中に初雪が降り、十月になると氷点下の日も珍しくなくなる。筆者がモスクワ国立大学でのロシア語研修を終えて大使館勤務に就いたのが、その年の六月のことだったので、その五カ月後のことである。ある朝、大使館の前の通りが、文字どおり、人で一杯になって、身動きができなくなるような日が数日間続いた。

当時、モスクワの日本大使館は、「赤の広場」から徒歩十五分くらいのカラシュヌィ通りにあった。カラチというのはリング状になったパンの名前である。帝政ロシア時代にこの通りにカラチを焼いているおいしいパン屋があったので、カラチの形容詞形でカラシュヌィという名前がつけられたという。スターリン時代にパン屋もすべて国有化され、モスクワでは工場でパンが焼かれ、配給されるようになった。このおいしいカラチの店も閉鎖されてしまった。

日本大使館の隣はエストニア・ソビエト社会主義共和国常設代表部だった。ソ連は、十五の主権共和国が自由に結合してできた「同盟」であるという建前になっていた。ソ連憲法では、各共和国がソ連から離脱する権利も認められていた。エストニア、ラトビア、リトアニアの沿バルト三共和国の民族主義者は、一九八七年頃から、ソ連憲法の離脱条項を用いて、沿バルト三国の独立を模索し始めた。このとき沿バルト三国のユダヤ人も独立派と提携した。これら諸国が独立すれば、ユダヤ人がイスラエルに出国することも自由になるからである。

一九八九年初めには、名称がエストニア・ソビエト共和国全権代表部に変更になった。その年の終わりには、エストニア共和国全権代表部に、そして一九九一年八月にはエストニア大使館に名称が変更になった。一九九一年八月のソ連共産党守旧派によるクーデターが失敗に終わった直後、ソ連国家評議会が沿バルト三国の独立を認めたので、全権代表部は、晴れて主権独立国家の大使館になったのである。

オランダ大使館も日本公使邸の隣に

このエストニア代表部の隣に日本大使館の領事部があった。大使館本館と領事部はちょっとだけ離れていたのである。領事部の建物は、十九世紀の砂糖商人が、愛人のために作った邸宅で、歴史的建造物に指定されていた。領事部の二階は、日本公使公邸だった。各大使館には、大使公邸があるが、公使公邸が設けられている例は珍しい。東郷和彦氏（元オランダ大使）がモスクワに勤務していた頃は、この公使邸を最大限に活用して、ロシアの政治エリートに人脈を拡大していた。

この公使邸の隣に、帝政ロシア時代の貴族の邸宅だった大きな建物がある。オランダ大使館だ。オランダ大使館領事部の前に、よれよれの毛皮の外套に毛皮の帽子を被った数百人のロシア人が列をなしているのである。イスラエルへの出国を求めるユダヤ人たちである。

一九六七年の六日戦争（第三次中東戦争）のときに、ソ連はイスラエルと国交を断絶した。国交を断絶すると、利益代表国を指定する。ソ連におけるイスラエルの利益代表国はオランダになった。

ユダヤ人出国禁止に対して

長らくソ連はユダヤ人の出国を認めなかった。東西冷戦期の米ソ交渉における重要な議題は、ソ連在住ユダヤ人の出国問題だった。

「ソ連水爆の父」であるが、後に平和共存を強く主張し、人権活動家となったアンドレイ・サハロフ博士もユダヤ人の移動の自由を保障する運動に積極的に取り組んだ。サハロフは、ある国家のユダヤ人に対する姿勢が、その国の健全度の指標であると固く信じていた。しかし、ソ連当局は、「夫人のエネーナ・ボンネルがユダヤ人だから、反ソ的な陰謀にサハロフは荷担しているのだ」という露骨な反ユダヤ主義キャンペーンを展開した。

ソ連当局の肝いりで作られた「反シオニスト委員会」という民間団体のことは前述した。この団体に加入できるのはユダヤ人だけで、ユダヤ人によって反イスラエル・反シオニズム運動を展開させようという国家保安委員会（ＫＧＢ）の謀略工作であった。そして、ユダヤ人の故郷は、シオンの丘があるイスラエルではなく、ロシア極東、ハバロフスク近郊のビロビジャンであるというプロパガンダ工作を展開した。

ビロビジャンには、ユダヤ自治州という行政単位を作り、イーディッシュ語を準公用語にして、「ビロビジャン・シュテルン（ビロビジャンの星）」がソ連共産党ユダヤ自治州委員会兼ロシア社会主義連邦共和国ユダヤ人自治州執行委員会機関紙として発行されていた。

しかし、ソ連に在住するユダヤ人は、このような「偽故郷」ではなく、真実の故郷であるイスラエルへの帰国を希望した。

出国の厳しい条件

一九八八年秋から、ソ連がイスラエルへの出国を認めるようになった。当時、ソ連から出国するためには、出国ビザ（査証）を取らなくてはならなかった。あるユダヤ人がソ連から出国して、イスラエルに移住することを決断したとする。職場にその報告をすると、管理職だった者は、その瞬間に役なしに降格される。さらに高等教育を受けた場合は、そこでかかった費用をソ連国家に返納することが出国ビザを得る条件になる。約二〜三年分の給与に相当する。また、住宅はリフォームを完全に行なってから、国家に返納しなくてはならない。その後、書類をすべて整えて、出国証明書と出国ビザをとらなくてはならない。そして、これらの書類をすべて準備した者が、イスラエルの入国ビザ（査証）を得ることができるのである。

氷点下に並ぶユダヤ人

カラシュヌィ通りに並んでいたのは、この書類を整えたユダヤ人たちだったのである。オランダ大使館領事部は、書類審査を厳格に行ない、出国ビザを発給するのは一日数十人が限度だったという。ユダヤ人たちは、領事部入り口のところに小さな椅子を置き、その上にノートを置いた。そして、ノートに順番に名前を書いて、無駄な行列を省こうとしたのである。それでも、自分の順番が回ってくる最後の二、三日は、朝五時頃、地下鉄の始発が動く頃から、ユダヤ人たちはマイナス一〇度の街路に立って、出国ビザを待つのだ。

年老いた老夫婦が孫を連れて立っている。モスクワは公衆トイレがほとんどない街である。もっとも近い公衆トイレは、約一キロ離れたアルバート通りの中心にある。行列を抜け出すときは、前の人に「ヤー・ザ・バーミ（私はあなたの後だからね）」と言って抜け出すのである。

カラシュヌィ通りの壁には、ノートを千切って「家財道具売ります」、「住宅の交換に応じます」と書いた紙の下に、切り離せるように電話番号と名前を書いた紙が貼り付けてあった。これほどの努力をしてでも、ユダヤ人はソ連から逃げ出したいと考えているのだ。この氷点下の路上に並んでいるユダヤ人ひとりひとりにとって、共産主義国での生活は「生き地獄」だったのだと思うと、筆者は胸が締め付けられる思いがした。

「ナティーブ」という工作機関

それから約十年後、筆者は、外務省の仕事の関係で、イスラエルとの関係を深めた。そのときになって初めて、筆者は、あのときモスクワのオランダ大使館領事部に勤務していたのが、オランダ人ではなく、イスラエル人であったということを知るのである。

テルアビブのある政府機関で、「ロシア情勢に通暁した人物」ということで、ある人物を紹介された。「ナティーブ（道）」（ロシア語では「ナティーフ」）という機関の幹部である。一九六七年にソ連との国交が断絶した後、イスラエルは、ソ連からユダヤ人を出国させることを促進するための秘密組織を立ち上げる必要を感じた。モサド（諜報特務庁）やアマン（軍情報局）とはまったく別のソ連に特化した組織である。この幹部は、筆者と会うなり、流暢なロシア語でこう言った。

「佐藤さんが、カラシュヌィ通りで勤務していた頃、僕はオランダ大使館にいたんです」

「エッ！　どういうことですか」

「領事部で勤務していたんですよ。オランダ人に化けて」

「オランダの外交官として赴任していたんですか」

「そうですよ」

「ソ連側は、あなたがイスラエル人だということに気づいていたでしょう」

「もちろんです。これは一種のゲームなんですよ」

そういってナティーブの幹部は、ソ連とイスラエルの知られざる歴史について筆者に語ってくれた。

（二〇〇七年十一月十二日脱稿）

5話　ナティーブの対ソ秘密工作

筆者の友人であるナティーブの幹部は、一九六七年にイスラエルがソ連と国交を断絶した後に、ソ連領内からユダヤ人のイスラエルへの帰還を促進する工作について話した。

この工作には、二つの戦線があった。第一の戦線は、ソ連国内でユダヤ人のネットワークを構築することである。ユダヤ人は母系なので、名前だけではユダヤ人であるかどうかはわからない。十四歳以上のソ連国民は全員国内旅券（パスポート）を所持することが義務づけられていた。その第五行目には、民族名を記入する。十四歳になった子供は、そこに父か母、いずれかの民族名を書く。母親がユダヤ人であっても、父親がロシア人である場合は、子供はロシア人と書くのが通例だった。ユダヤ人と書くと、今後の人生で不利益が予想されるからだ。例えば、モスクワ国立大学でユダヤ人学生の比率を一定以下に落とすことが義務づけられていたという話を筆者は、ソ連崩壊後に同大学哲学部のアレクサンドル・ポポフ教授から聞いた。

「佐藤さん、一般の入学試験だと、ユダヤ人の合格者の比率が五割を超えてしまう。当時、ユダヤ人の比率を全学生の五％以下に落とすということが、暗黙の合意になっていた」

「暗黙の合意と言っても、筆記試験の問題は同じでしょう。どうやって落とすんですか」

「第一次の筆記試験では、差別をすることはできない。しかし、第二次の口頭試験で『ユダヤ人用の特別問題』を出す」

「どういうことですか」

「一見、簡単に見えるが、解法が実に難しく、博士号所持者を想定する数学や物理の問題を課したり、ソ連政府の宗教政策をどう評価するかといった類の政治的に難癖をつけやすい問題を出して不合格にする」

「しかし、それは国内旅券の民族欄にユダヤ人と記している受験生にしか有効ではありませんね。ロシア名を名乗っているユダヤ人についてはどうするのですか」

「それはどうしようもない」

「それでは、実際にユダヤ人を排除することはできないじゃないですか」

「そう。できない。本心を言うと、私たちはユダヤ人を排除しようとは思わなかった。学問に民族の壁はないよ。それにモスクワ大学の教授陣の三割がユダヤ系だ。同族を排除したいとは誰も思わない」

「国内旅券の民族欄にユダヤ人と書いている学生は、大学で不利益な扱いを受けたのですか」

「それはない。そもそも国内旅券にユダヤ人であることをあえて残す学生は、民族意識が強いシオニスト系だ。ソ連社会は、シオニストには社会的上昇の機会をできるだけ与えないようにしてきた。しかし、モスクワ大学に合格する学生は、ソ連社会の逆風の中での競争を勝ち抜いてきたので、能力が高い。そのような人材を大学はたいせつにする」

旧ソ連社会において、大学、科学アカデミー、医療機関においては、ユダヤ人に対する偏見や差別はそれほど大きくなかった。しかし、政治の中心であるソ連共産党中央委員会では、ユダヤ人であることが周囲に明らかになると、出世の障碍になった。

このような状況で、ナティーブは、ユダヤ人知識人の間に有効なネットワークを作り始めた。

第二の戦線は、西側世界である。ナティーブは、ワシントン、ニューヨーク、パリ、ロンドンに秘密支部を設置して、「ソ連社会の最大の人権問題は、ユダヤ人が出国できないことだ」というキャンペーンを展開した。その結果、米ソ首脳会談の重要議題にユダヤ人出国問題が加わるようになった。

ナティーブ長官シャランスキー

イスラエルが優れていたのは、ソ連や東欧の社会主義国におけるユダヤ人支援活動をモサド（諜報特務庁）から切り離したことだ。モサドはナティーブの活動について、一切情報をもっていないので、その工作活動に対して責任を負う必要もなかったのである。

ＫＧＢ（ソ連国家保安委員会）第二総局（防諜・国内治安担当）には、ユダヤ人を監視する特別な部局があった。KGBは、ソ連水爆の父で人権活動家であったアンドレイ・サハロフ科学アカデミー会員がイスラエルの協力者であると睨んだ。西側では、サハロフ夫人のエレーナ・ボンネルがユダヤ人であるので、サハロフに無実の嫌疑がかけられたと見られていた。

サハロフの英語通訳をつとめていたアナトリー・シャランスキーが一九七七年に反体制活動で逮捕された。そして、一九八六年に東西間のスパイ交換で、シャランスキーは東ベルリンから西ベルリンに送られ、その後、イスラエルに移住した。そして、イスラエルでシャランスキーは、名前をアナトリーからナタンに変え、ナティーブ長官に就任するのである。筆者にナティーブの裏事情を話してくれた友人は、シャランスキーの最側近でもある。

KGBの見立ては間違えていなかった。シャランスキーは、ソ連におけるナティーブの最高責任者だったのである。そして、ナティーブの活動をサハロフ夫妻が支援していたのだ。

一九九九年春、筆者は友人に連れられ、当時、エルサレムでイスラエル交通大臣をつとめていたシャランスキーの執務室を訪ねたことがある。シャランスキーは、身長が一六〇センチに満たない小柄な男だったが、迫力があった。ネクタイをせずにポロシャツ姿だった。部屋にサハロフ博士の写真が飾ってあったことが印象的だった。シャランスキーは「北方領土問題を解決したいならば、クレムリン（ロシア大統領府）に本気でロビイングをかけろ。そうすれば道は開ける」と強調していた。

ソ連当局の意図

ＫＧＢを含むソ連当局は、ソ連国内におけるナティーブの非合法活動に関する情報を詳細につかんでいたと筆者は考えている。しかし、ナティーブ関係者を一斉検挙することはもとより、ナティーブというイスラエル政府の秘密組織がソ連領内で暗躍しているという事実についてもほとんど報じなかった。なぜだろうか。もともと一九一七年十一月のロシア革命を起こしたボリシェビキ（共産主義者）には、トロツキー、ジノビエフなどのユダヤ人が多かった。その後も共産党幹部にユダヤ人が少なからずいた。また、大学、科学アカデミー、医師などでもユダヤ人ネットワークの影響力は強かった。ソ連当局の目的は、ユダヤ人を弾圧することではなく、ユダヤ人の国外流出を阻止し、ユダヤ人の知的能力を、ソ連国家を強化するために用いようとしたのである。ナティーブのような、ソ連からイスラエルへのユダヤ人の脱出を目的とする秘密組織が存在することを明らかにすると、かえってシオニスト系のユダヤ人の帰還願望を強化することになるという冷静な計算をＫＧＢが行なったのだと筆者は見ている。

ＫＧＢは、ナティーブとつながる「裏窓」を開けていた。それだから、ゴルバチョフ政権が成立し、一九八〇年代後半にソ連がイスラエルへの出国を緩和したときには、ソ連事情に通暁したナティーブの職員が、オランダ人に化けて、イスラエルへのビザを発給したのである。

ゴルバチョフの要望

一九八九年のベルリンの壁崩壊後、ソ連はイスラエルに急速に接近した。その背景事情について、エフライム・ハレヴィ前モサド長官は、次のように述べている。

〈いよいよせっぱ詰まったゴルバチョフは一九八九年、イスラエルに接近。政権崩壊を回避するため、イスラエルを通じてアメリカに支援を求めたい。どうにかアメリカを説得してくれないだろうかと、ひそかに助けを求めてきた。どうやらゴルバチョフは、イスラエルには米政府、議会を動かして、巨額の財政・経済支援を引き出せるだけの影響力があると信じていたようだ。シャミル首相はこの要望を検討したのち、けっきょく、なんの行動も起こさなかった。かりに説得に乗りだしていたとしても、はたしてアメリカがそれを聞きいれ、ソ連帝国の危機を救うべく立ちあがったかどうか、はなはだ疑問である。〉（エフライム・ハレヴィ著『モサド前長官の証言「暗闇に身をおいて」　中東現代史を変えた驚愕のインテリジェンス戦争』（光文社、二〇〇七年、四二一頁）

ソ連がイスラエルに助けをもとめたという話が関係者の証言によって確かめられたのは初めてのことだ。ソ連はイスラエルの力を過大視していたのである。

（二〇〇八年一月十七日脱稿）

6話　ロシア・グルジア戦争を分析するイスラエル専門家の視点の重要性

イスラエル空軍の予備役准将で、参謀大学教授のシモン・ナベー先生は、筆者が尊敬するイスラエルにおけるロシア専門家の一人である。筆者が現役外交官として、イスラエルに蓄積されたロシア情報を生かそうとしていたころ、ナベー氏はテルアビブ大学の教授も兼任していた。ナベー氏の両親は、ルーマニアからイスラエルに帰還したということだった。一九七三年のヨムキプール戦争に参加している。筆者は、テルアビブ大学のガブリエル・ゴロデッキー教授の紹介でナベー先生と会った。歴戦の勇士で、イスラエルの戦略ドクトリンの第一人者という話を聞いていたので、会う前は少し身構えたが、実に気さくな好人物で、発想はリベラルだった。

ソ連に対する関心も強く、イスラエルがソ連と国交を樹立する前の一九八九年にモスクワ国立国際関係大学（ＭＧＩＭＯ）に、ソ連史上初のイスラエルからのヘブライ語教師として受け入れを認められた。ロシア軍幹部やロシア科学アカデミーの研究員にも友人をたくさんもっている。筆者もナベー先生からいろいろなことを教えられた。特に重要なのは、ロシア人の国境観が、近代ヨーロッパの国境観と著しく異なることだ。

ロシア人の国境観

普通、ヨーロッパ人は国境を線で考える。しかし、そうなるとあまりに長大な国境線を持つロシアは、線としての国境を守ることができるかどうかに不安を持つようになる。古くはモンゴル・タタール軍、十九世紀はナポレオン軍、二十世紀はナチス・ドイツ軍によって侵攻された経験からこの不安はロシア人の形而上学になっている。そこで、ロシア人は面で国境を確保するという考えに傾くようになったとナベー先生は考える。

要するに国境線の外側に、ロシア領ではないが、ロシア軍が自由に移動することができる領域、すなわち緩衝地帯（バッファー）を求めるのである。状況が緊張すれば、そこに軍隊を常駐させる。

第二次世界大戦後、ソ連がその気になれば、東欧諸国をソ連の連邦構成国にして併合してしまうことは可能だった。現にスロバキアの共産主義者の一部は、チェコと一緒になってブルジョア時代の人造国家チェコスロバキアを回復するよりも、スロバキアがソ連に加盟することを望んだくらいだった。しかし、スターリンはそうしなかった。西側資本主義国とソ連が直接国境を接すると、軋轢が高まり戦争が発生する危険性が高まると考えたからだ。そこで人民民主主義国という緩衝国家を東欧につくることにした。

形の上だけ複数政党制を維持する。しかし、あらかじめ政党ごとの議席数が定められているので政権交代が起きることはない。経済でも、ソ連では個人経営は一切認められなかったが、東欧諸国では小規模なレストランや喫茶店の経営は認められていた。宗教政策もソ連ほど厳しくなかった。ソ連では、六十歳以下、すなわち勤労可能な年齢の市民が教会に入ろうとすると、共産党の活動家による「このような場に立ち入るな」という熱心な説得がなされた。東欧諸国では、学校教育では無神論が教えられ、教会に行くことは奨励されていなかったが、ソ連のような露骨な圧力はかけられなかった。東独（ドイツ民主共和国）、チェコスロバキアやハンガリーでは、プロテスタント教会の牧師、カトリック教会の神父は政府から給与をもらう準公務員だった。裏返して言うならば、給与を受けているのだから牧師や神父も国家に対して、当然、忠誠を尽くさなくてはならないということになる。ソ連政府は神父や牧師にカネを払うことは、国家と教会の分離というレーニンの原則に反するとして、一切行なわなかった。

またソ連人が東欧諸国に観光旅行をすることもひじょうに厳しく規制されていた。チェコ、ポーランド、ハンガリー、東独の四カ国の間では簡単な手続きで海外旅行ができた。また東独市民は六十代になれば、西独の親族を訪問することも比較的簡単にできた。ソ連の場合、六十歳を超えてもソ連人が西側に住む親戚を訪れる許可を得ることは、当該人物が国際的に著名であり出国させることをソ連が政治的に利用できる場合か、あるいは出国を希望する人がソ連共産党幹部に人脈をもっている場合以外は難しかった。

ソ連体制が、一九四五年に第二次世界大戦が終結してから四十六年間も存続したのは、東欧人民民主主義国という緩衝地帯があり、ソ連本土が直接戦争に巻き込まれた事例がほとんどないからである（例外は中ソ国境紛争）。戦争を「東欧の動乱」という形で未然に防ぐことができたのである。

〇八年八月八日に勃発し、同十六日に停戦合意に署名がなされたロシア・グルジア戦争と八月二十六日にロシアがグルジア領のアブハジアと南オセチアの独立を承認した動機を理解する上でナベー先生によるロシア人の国境観がとても役に立った。今回のロシア・グルジア戦争で、ロシアはグルジアが敵であると本格的に認識した。敵と国境を直接接するのが不安なので、国境の向こう側にロシア軍が自由に行動することを認められた緩衝地帯としてアブハジア、オセチアというロシアの保護国を作ったのだ。

もちろんこれは「ロシア帝国の利益に反するならば個別国家の主権は制限される」という制限主権論で、国際秩序を維持する上で断じて認められない。しかし、ロシアがなぜこのような行動をとったかについて内在的論理をきちんとおさえておくことは重要である。そうでなくては的確な対露戦略を組み立てることができないからだ。

イスラエル情報専門家の視点

日本ではあまり報道されていないが、今回のロシア・グルジア戦争には、イスラエル人もかなり関与している。九月上旬にテルアビブからやってきた友人から興味深い話を聞いた。友人から聞いた話の概要は次のとおりだ。ポイントは五点ある。

1．欧米で、部分的に報道されているグルジア軍、内務省、インテリジェンス機関にイスラエル人が協力しているというのは事実だ。イスラエルには、グルジアから帰還したユダヤ人のネットワークが存在する。歴史的にグルジア系ユダヤ人はグルジア人からも差別されたが、ロシア人によるユダヤ人に対する扱いとくらべれば、それははるかにましだった。それ故にグルジア系ユダヤ人はサーカシビリ・グルジア大統領の反露政策に共感をもっている。

2．協力の実体は、民間企業のコンサルタント業務の形態で行なわれ、イスラエル政府は関与しないようにしている。イスラエル国軍、軍情報部（アマン）などを退役した者が、民間企業からの派遣という形でグルジアに渡っている。

3．当初、イスラエル政府は、グルジア問題はイスラエルの国益に直接関係しないと考え、このような民間の動きを促進もしなければ、妨害もしなかった。しかし、グルジア政府からイスラエルのメルカバ戦車二〇〇台を売って欲しいという要請があった。その話を聞いてイスラエル外務省が、グルジアは本格的な戦争に備えていることに気づき、取り引きに介入してやめさせた。かりにグルジアがメルカバ戦車二〇〇台を入手していたならば、ロシア・グルジア戦争で、最終的には制空権をもったロシアが勝利するとしても、地上戦の局面はだいぶ変わってきたと思う。もっともそうなれば、イスラエルもロシアから恨まれ、ひどい報復をされたと思う。

4．イスラエルに住むロシアからの帰還者（ロシア系ユダヤ人）は、今回、イスラエル政府はもう少し早く介入して、グルジア系ユダヤ人のサーカシビリ政権に対する協力をやめさせるべきだったと考えている。現在、ロシア政権中枢と良好な人脈をもっているロシア系ユダヤ人がロシア・グルジア戦争の悪影響がイスラエルに及ばないようにロビー活動に全力をあげている。
5.イスラエルがもっとも恐れるシナリオは、ロシア・グルジア戦争を契機に、イラン、シリア、ヒズボラに接近し、これらの勢力を用いてイスラエルを締め上げるという方策をとることだ。

実に興味深く、情勢を分析する上で役に立つ情報と分析だ。事実、ロシアの報道を見ていても、アメリカ国籍の人物（一九六七年生まれのマイケル・リー・ホワイト氏）がグルジア内務省特殊部隊で勤務していたという情報は連日大きく報じられているが、イスラエルを標的としたキャンペーンは展開されていない。イスラエルのロビイストたちのモスクワでの活動が効果をあげているのだと思う。

本来ならば、これだけ生情報を詳しく紹介することはしない。しかし、日本の外交当局者や政治家に伝えたいと思い、こういう外務省の公電（公務で用いる電報）の形で情報を記しているのだ。筆者に話をしてくれたイスラエルの友人は、現在は公職を離れているので、国家秘密にアクセスすることはできない。しかし、情報のプロとして三十年以上の経験を積んだ人物ならば、これくらいの見通しを述べることができるのだ。日本外務省の情報の相場観ならば、この情報は極秘で、確実に内閣総理大臣官邸に配布される。今回のロシア・グルジア戦争にあたって、日本外務省はイスラエル情報をどれくらい活用しているのだろうか。この戦争を契機に国際秩序は大きく変化する可能性がある。そのような状況で、イスラエルがもつロシアと旧ソ連諸国に関する情報の価値は一層高まることになると思う。

（二〇〇八年九月十二日脱稿）

7話　プーチン露大統領のイスラエル訪問の意義

Q君、神学生諸君から、「ロシアとイスラエルの関係はいったいどうなっているのか」という質問をよく受けます。ソ連が東西冷戦関係の中でアラブ諸国を支持し、イスラエルを敵視した経緯があるので、未だにロシアとイスラエルが敵対していると勘違いしている人もいます。

一九八〇年代後半、ゴルバチョフ・ソ連共産党書記長がペレストロイカ（改革）政策を導入し、ソ連に在住するユダヤ人のイスラエルへの出国条件が緩和されました（一九七〇年代から八〇年代前半にかけてユダヤ人がソ連から出国することは、不可能でした）。さらに一九九一年十二月、ソ連が崩壊すると、ロシアからイスラエルへの出国は完全に自由になりました。一九八〇年代後半以降、ソ連並びに旧ソ連諸国からイスラエルに移住した「新移民」と呼ばれる人々が、約一〇〇万人います。ロシア系ユダヤ人は、イスラエル国籍を取得し、イスラエルに定住するようになってからも、文化面ではロシアの伝統を引き継いでいます。そのため、ロシアの政治、文化エリートとイスラエルの新移民は、現在も緊密なネットワークをつくっています。

もっともイスラエルのロシア系ユダヤ人が、ロシアの外交政策に与える影響力は、エリツィン政権の頃と比較して、限定的になっています。

実利を追求する外交

ロシアは、イスラエルにとって現実的な脅威となっているイラン、シリアを支援しています。しかし、その支援は、東西冷戦時代のようにイスラエルに打撃を与えるという目標を追求していません。ロシアにとってイランは原子力プラント、シリアは兵器の重要な輸出先です。ロシアがイランとシリアをたいせつにするのは、第一に経済（軍事）利権で、第二に米国と対抗する上でこれら諸国と良好な関係を持っていることが外交カードとして有益だからです。裏返して言うならば、極端なリスクをとってまでロシアはイランやシリアを守るつもりはありません。実利を追求したシニカル（冷笑的）な外交を行なっていると私は見ています。

ロシアとイスラエル関係

しかし、このようなシニカルな外交を続けていると、中東におけるロシアの信用は地に落ちてしまいます。そこでプーチン露大統領は、イスラエルを重視する対中東外交の立て直しを図っています。一二年六月二十五〜二十六日、プーチン大統領は、イスラエルを訪問しました。中東歴訪の最初の訪問国をイスラエルにしたのは、プーチン新政権が、中東の最強国であるイスラエルをもっとも重視するというシグナルです。六月二十五日付露国営ラジオ「ロシアの声」（旧モスクワ放送）は、プーチン大統領のテルアビブ到着についてこう報じています。

〈プーチン大統領　イスラエルに到着
ロシアのプーチン大統領は二十五日昼、中東歴訪の最初の訪問先となるイスラエルのテルアビブに到着した。
大統領は、ネタニヤでファシスト・ドイツに対する赤軍勝利記念館のオープニングセレモニーに出席する予定。プーチン大統領は昼食後、イスラエルのネタニヤフ首相ならびにペレス大統領と会談する。会談では、政治、経済、文化・人道、その他の分野におけるロシアとイスラエルの相互協力全般について意見が交換される見込み。また両国は、シリアおよびイランを巡る情勢についても詳細に協議する予定。
プーチン大統領は二十六日、イスラエルからパレスチナのベツレヘムへ向かい、その後ヨルダンを訪問する。〉

Q君、ここで重要なのはプーチン大統領が、ナチス・ドイツに対してソ連が戦ったという過去の出来事を最大限に強調し、イスラエルとの提携を強化しようとしていることです。ソ連時代、KGB（ソ連国家保安委員会＝秘密警察）の肝いりで「反シオニスト委員会」という社会団体が作られ「シオニズムとナチズムは人種主義である」というプロパガンダ（宣伝）を積極的に展開していたことについて、ロシアは口を閉ざしています。

プーチン大統領は、ロシアとイスラエルの歴史的結びつきを強調するとともに、ナノテクノロジー分野での二国間関係の発展を重視します。

〈ロシア・イスラエル　巨大エネルギー・プロジェクト実現の意向

ロシアとイスラエルは、エネルギー産業分野のものも含め、巨大共同プロジェクトを推し進めることによって経済関係を拡大する意向だ。

これはプーチン大統領が、イスラエルのネタニヤフ首相との交渉を総括して述べたもの。大統領は「ガスプロム」や「インテル・ラオ」ルートや農業領域での協力に良い可能性があると指摘し、すでにロシアの複数の地域では、畜産コンプレクスの建設プロジェクトが実現しつつあると付け加えた。

さらにプーチン大統領は、次のように強調した——

「ハイテク分野でも、すでに具体的な成果がある。特に『ロスナノ』はイスラエルに子会社を創設したし、イスラエルのパートナーと協同で将来性のあるプロジェクトを選び出している。

交渉で双方は、宇宙開発や医学・薬学分野での協力拡大で合意に達した。また近代的な薬品製造プロジェクトについても討議がなされた」

このように述べたプーチン大統領は、さらに、ネタニヤフ首相のイニシアチブで、赤軍に敬意を表すメモリアルが作られた事に感謝の意を表した。ロシア・イスラエル首脳会談では、第二次世界大戦の歴史が偏見を持って解釈される問題についても意見が交換された。両首脳は、戦争に関する真実や教訓をすり替えようとの試みに抵抗してゆくことで意見の一致を見た。

プーチン大統領は「交渉は、大変中身のある有益なものだった」と強調している。〉（六月二十六日付「ロシアの声」日本語版ＨＰ）

イスラエルの無人航空機を

プーチン大統領の訪問で、ロシアとイスラエルの戦略的提携関係は着実に強化されました。今回の訪問では、報道されませんでしたが、無人航空機製造分野でもロシアとイスラエルは急速に提携を強めています。六月十三日付「ロシアの声」がこのような報道を行ないました。

〈ロシアとイスラエル　無人機の共同開発を協議

ロシアとイスラエルは、無人航空機の共同開発について協議を行なった。無人機は、両国において軍事利用されるほか輸出もされる予定。ロシアのドミトリー・ロゴジン副首相が、テレビ局「ロシア24」のインタビューに答え、明らかにした。

現段階では、技術的な協力の可能性が討議されている。ロゴジン副首相は、イスラエルには無人機のシステム分野における素晴らしい専門家らがいると述べ、ロシアはもう西側による「防衛技術」の既製品を買わなくてもすむと強調した。

ロゴジン副首相は、現在、ロシア企業は赤外線装置の分野などでフランスと密接に協同しているため、ロシアは一年後には自国製の赤外線マイクロチップを開発することができると述べている。〉

既に去年末から、ロシアのウラル地方でイスラエルの無人飛行機「フォルポスト」がライセンス生産されています。

〈イスラエルの無人飛行機　ロシアで生産
ウラルの中心都市エカテリンブルグで、イスラエルの無人飛行機「フォルポスト」がライセンス組み立て生産される。

ウラル民間航空工場のスポークスマンは「フォルポスト組み立て用生産現場はすでに用意され、専門家の養成もイスラエルで行なわれた」と伝えた。

スポークスマンによれば「もしすべて順調に行けば、ロシアで組み立てられた一番機の実験飛行は、硬い覆い付きの特別離陸ゾーンを使って、来年六月か七月に開始される」

イスラエルの無人飛行機の組み立てを行なうエカテリンブルグの工場は、国防企業「オボロンプロム」に属している。〉（二〇一一年十二月十日付「ロシアの声」日本語版ＨＰ）

六月十三日付「ロシアの声」によれば、ロゴジン露副首相は、ロシアの無人飛行機の軍事利用について述べています。これまで、ロシアは無人飛行機の分野で米国に大きな遅れをとっていました。それをイスラエルとの軍事協力によって克服しようとしているのです。

ロシアとイラン関係

Q君、イスラエルにとって米国は、最大の軍事同盟国です。東西冷戦期のような激しい対立はもはやありませんが、米国とロシアの間には緊張関係があります。当然、米国はイスラエルが無人飛行機の技術をロシアに対して提供することを望んでいません。しかし、どうしてイスラエルはこのようなことをするのでしょうか。この背景には、表には出ない取り引きがあると私は見ています。

イスラエルにとって、最大の脅威はイランです。イランのアフマディネジャード大統領は「イスラエルを地図上から抹消する」という公約を掲げ、それを着実に実行に移そうとしています。ロゴジン露副首相は軍産複合体を統括しています。イスラエルから無人飛行機の最新技術の供与を受ける見返りに、ロシアはイランに対する最新兵器の売却を自粛するという取り引きをしたのではないかと私は見ています。

ロシアは、決してイランの肩を持っているわけではありません。ロシアがイランを支持している欧米の報道は一面的です。例えば、七月三日付「ロシアの声」は、イランがイスラエルを攻撃することができるミサイル実験を行なったことについてこう報じました。

〈イラン　イスラエルを攻撃できるミサイルを実験

イラン軍はいくつかの型のミサイル実験を行ない、そのなかにはイスラエルを攻撃できる射程を持ったものも含まれている。三日、地元テレビ局「アル＝アラム」が伝えた。

それによれば、イラン中心部の砂漠地帯で、「シャハブ1」「シャハブ2」「シャハブ3」、「ファテハ」、「トンダル」などが実験されたということで、そのうち「シャハブ3」の射程は二〇〇〇キロで、イスラエル領内を攻撃することができる。

打上げ実験はイスラム革命防衛隊の演習「偉大な預言者」の枠内で行なわれ、イラン軍は「外国の空軍基地」をミサイルで攻撃する作戦も行なわれたという。これはイランのミサイルがどれほど正確に目標を破壊できるかを確かめることが目的だったという。〉

このニュースを聞いたロシア人は、イランがイスラエルに対する挑発を行なっているという認識を持ちます。さらに七月五日付「ロシアの声」は、武器輸出をめぐってロシアとイランの間に深刻な対立が生じていることについて報じています。

〈イラン　武器供給不履行としてロシアに四十億ドルを求める

ロシアの武器輸出企業「ロスオボロンエクスポルト」社は自社サイトに公表した年間報告書のなかで、イランから四十億ドル相当の武器供給契約の不履行の被害を受けたとして訴訟を起こされたことを明らかにした。
　イランがジュネーブにある国際仲裁裁判所に訴訟を起こしたのは一一年四月十三日。訴訟文書には、本件の訴訟審査は現段階では、これに先立ちイランはロシアに対し高射砲ミサイルＳ－３００を供給する契約を遂行するか、もしくは罰金を支払うよう求め、国際裁判所に訴訟を起こしていた。ところがロシア内外の専門家らの評価では、この訴訟が認められる可能性は皆無。
　一〇年六月、国連安保理はイランに対し合計四度めの制裁決議を採択した。ミサイル、ミサイルシステム、戦車、急襲用ヘリコプター、戦闘機、船を含む通常兵器の対イラン供給制限がこれにより初めて導入されている。ロシア側は、新決議で制限については広く知られており、Ｓ－３００の供給を予定した契約は数年を見込んだもので、ロシアの履行は一時停止されただけと主張している。〉
　このような武器輸出をめぐるトラブルは、ロシアにとってイランが友好国ならば、表に出さず、水面下で処理します。Ｑ君、私がロシアの対イラン外交がシニカルだというのは、ロシアはイランを通じて自らの国益を増進することだけを考えているからです。

ロシアとヨルダン関係

　さて、プーチン大統領のイスラエルを含む中東歴訪に話を戻しましょう。日本ではあまり報じられていませんが、プーチン大統領はヨルダンとの関係改善を重視しています。

〈プーチン大統領　イスラエルからパレスチナ、ヨルダンへ

ロシアのウラジーミル・プーチン大統領は三日間の中東歴訪で、イスラエル、パレスチナ、ヨルダンを実務訪問した。

パレスチナ訪問の最後、アッバス大統領はロシアからの援助に感謝の気持ちを表明し、プーチン大統領はパレスチナ統一を回復することがイスラエルとの問題の早期解決を促すだろうと語った。そのほか、プーチン大統領はパレスチナおよびパレスチナ国民がロシアとの緊密な協力関係を築こうとしていることを評価すると述べた。「我々の立場は主要な地域問題およびグローバル問題においてかなり近いかほとんど一致している」

ヨルダン王国ではプーチン大統領はアブダッラ二世国王と会談し、正教会建設の土地が提供されたことに感謝の気持ちを示した。プーチン大統領はそれが両国間の特別な関係を示すものであると強調し、ヨルダンとの関係に大きな関心を払い、経済分野においても協力に期待していると述べた。

アブダッラ二世は、ロシアとヨルダンはいつでも友好善隣関係で結ばれてきたと指摘した。〉（六月二十六日付「ロシアの声」日本語版ＨＰ）

ロシアとヨルダンの関係改善もイスラエルの安全保障を強化する効果をもたらします。プー

チン大統領がイスラエルとの関係改善を主目標として、中東歴訪を行なったことが、ロシアの報道を読み解くと明白になります。

（二〇一二年七月二十三日脱稿）

8話　イスラエル外交に働く目に見えない力

Z君、勉強の進捗状況はどうですか。神学の場合、古典語やドイツ語の知識が不可欠です。日本は翻訳大国ですので、修士論文までならば、翻訳書に頼っていても書くことができます。しかし、その先、自力で神学の研究をしていくときに外国語の知識がないと大きな壁に突き当たることになります。問題意識が先行しているZ君の場合、古典語やドイツ語の勉強がおろそかにならないかと心配です。

緊張感をもって学ぶとき

私の場合、神学部と大学院では、一生懸命にドイツ語の神学書と向き合いました。しかし、外務省に入ってからは、ドイツ語に触れる機会がほとんどなくなってしまいました。Z君も御存知のように私は学生時代からずっとチェコのプロテスタント神学に取り組んでいます。外務省に入ったのも、外交官になればチェコ語を研修し、神学研究を続けることができると思ったからです。しかし、人生は本人の思いどおりにはなりません。結局、私はロシア語を研修し、ロシアを担当する外交官になりました。

モスクワに勤務しているときは、ときどきチェコに出かけ、神学書を集めたりコメンスキー・プロテスタント神学校（現カレル［プラハ］大学プロテスタント神学部）の神学者たちと意見交換をしたりしました。私が付き合ったチェコの神学者は、例外なくドイツ語を流暢に話しました。一九三〇年代までに生まれたチェコの知識人は、チェコ語とドイツ語のバイリンガルです。私のたどたどしいドイツ語では十分な意思疎通ができないので、いつも英語かロシア語を使っていました。

五十歳を過ぎてから、人生の残り時間が気になりはじめました。残りの人生の中で、チェコ神学に関する仕事はきちんとまとめておきたいと思います。その関連で、最近は毎日、聖書を横に置いて、神学書を読んでいます。学生時代に読んだドイツ語の神学書を取り出して読んでも、すぐに疲れてしまいます。ロシア語の場合は、そういうことにはなりません。外国語には、突破しなくてはならないいくつかの層があり、ロシア語の場合、「これ以上後退することはない」という層を突き抜けることができたので、日常的にロシア語を用いる環境から離れて十年以上になりますが、いつでも感覚をとりもどすことができます。しかし、ドイツ語はそうなりません。学習時間から考えれば、学生時代の六年間にドイツ語に割いた勉強時間と外務省の研修でロシア語にかけた時間は同じくらいです。要はドイツ語の勉強に関しては、緊張感をもっていなかったので、生きた知識が身につかなかったのだと反省しています。

戦前の学者や作家で、留学経験もなく、学習環境も整っていなかったにもかかわらず、英語、ドイツ語、フランス語をよく理解していた人がたくさんいました。この人たちは、外国語の文献を通じて、生き死にの原理になる知識を得ようと本気でした。戦争が必然とされた戦前、戦中の知識人の緊張感から学ばなくてはならないことが多々あると最近、私は痛感しています。死を意識することが勉強においても重要と思います。

遺伝子検査の是非

Z君も米国の人気女優アンジェリーナ・ジョリーさん（37）が、遺伝子検査の結果、将来、高い確率で癌になる可能性が判明したので、両乳房を切除したという記事を読んだと思います。彼女は、さらに卵巣も摘出するといいます。この件が、米国では議論の的になっています。一方に遺伝子研究の成果を、病気の予防や延命のために用いるのは当然であるという考えがあります。

逆に人間は神によって造られたのであるという信念を強く持つ人々は、アンジェリーナ・ジョリーさんの事例については深刻な問題がないとしても、遺伝子によって人間が人間を操作することができるという発想に危惧を抱いています。遺伝子検査の結果、障害を持つ子どもが産まれる可能性が高いと判断した男女が子どもをつくらないという決断をする可能性があります。また、遺伝子検査の結果、障害が出ると判明した胎児を堕胎することが奨励されるような社会になるかもしれません。

神がくれる時間

遺伝子検査に対する評価は、個人の価値観、信念によって異なります。私の場合、本心から死後の復活を信じています。それだから、死ぬこと自体は（少なくとも現時点では）恐くありません。こういう基本的信念に関して、私には頑固なところがあるので、恐らく、死の直前になっても、死を恐れることはないと思います。医師が医学的見地から勧めれば遺伝子検査は受けますが、その結果を見て、延命のために全力を尽くすという選択はしないと思います。

なぜ、このような話をZ君にするかといいますと、私は慢性腎臓病という持病を抱えています。外交官時代に仕事で無理を続けたことが遠因と思いますが、徐々に腎臓が壊れていきます。このスピードをどう緩めるかが課題ですが、これだけは、医学の力や私の意思だけで、思いどおりになるものではありません。最終的には、神がどれくらいの時間を私に与えるかは、私が生まれるずっと以前から決まっているのだと思います。その制約の範囲内で、できるだけのことをするのが、私の課題と思っています。

イスラエルという私の課題

私にとって、重要な課題の一つが、イスラエルとユダヤ人について知り、そこから学んだことをわが同胞に伝えることです。イスラエルの存在自体に、特別の意味があることを、私は外交官として、イスラエル政府関係者、イスラエルの学者、さらにロシアのユダヤ人たちとの交流を通じて、皮膚感覚で感じ取りました。二〇〇二年五月に私が東京地方検察庁特別捜査部に背任容疑で逮捕されたのも、二〇〇〇年四月にテルアビブで行なわれた「東と西の間のロシア」というテーマの国際学会に、日本の学者や外務省職員を派遣する費用を外務省関係の国際機関「支援委員会」から支出したことが刑事犯罪とされたからです。この経緯については、拙著『国家の罠――外務省のラスプーチンと呼ばれて』（新潮文庫、二〇〇七年）に書いたので、ここではその内容を繰り返すことはしません。

あの事件のときに多くのイスラエルの友人たちそしてロシアのユダヤ系の友人たちが私を助けてくれました。それぞれの人が、少しずつリスクを負って、私を助けてくれたのです。ユダヤ人の中には、宗教的な人も世俗的な人もいました。しかし、この人たちの具体的な行動を通じて、私は、「神は存在し、私に働きかけてくれる」ということを実感しました。この実感を持ってから、世界がよりリアルに見えるようになりました。

国際ニュースの中にも

一見、神とは関係がないような国際ニュースでも、深いところでは神の意思と関係しているように私には思えるのです。例えば、五月二十一日にゴラン高原で、イスラエル軍とシリア軍が衝突するという事件がありました。関連する新聞記事を引用しておきます。

〈シリア、イスラエル軍車両を攻撃　緊張高まる可能性

【カイロ＝山尾有紀恵】シリア軍は二十一日、イスラエル軍車両が占領地ゴラン高原の両国の停戦ラインを越えて侵入してきたため、破壊したと発表した。シリア国営通信が伝えた。内戦が発生して以降、シリアがイスラエルに対する攻撃を認めるのは初めて。両国の緊張がさらに高まる可能性がある。

一方、イスラエル軍はシリア側からの銃撃で軍車両が被弾したことは認めつつ、停戦ラインは越えていないと発表。シリア側をミサイルで攻撃したとしている。〉（五月二十一日『朝日新聞デジタル』）

日本の新聞は、客観報道主義なので、このニュースだけでは何が問題なのかよくわかりません。しかし、この出来事は、イスラエルの国家存亡に関する重要な意味をもっていることが私には皮膚感覚でわかります。

この衝突が起きる一～二週間前に報じられたニュースに問題を読み解くヒントがあります。いずれもイスラエルとロシアとの関係についてのニュースです。まず、ロシアからシリアへの武器輸出に関するニュースです。

〈シリアにミサイル売却、露に中止を要請　イスラエル

九日のAP通信によると、イスラエルはロシアに対し、高性能対空ミサイルシステム「S300」を、内戦が続くシリアに売却しないように要請した。イスラエル治安当局者が明ら

かにした。

イスラエルは今月、レバノンのイスラム教シーア派民兵組織ヒズボラにミサイルが渡るのを防ぐことなどを狙ってシリアを空爆。シリアが対空ミサイルシステムを入手すれば、イスラエルの今後の作戦にも影響が出る可能性がある。

当局者は、米国とも情報を共有しながら、ロシアに働きかけているとしている。〉（五月十日『MSN産経ニュース』）

ヒズボラの背後には、イランがいます。シリアのバッシャール・アサド政権は、国内を実効統治できていません。地対空ミサイル「S300」だけでなく、シリアが保有する生物・化学兵器がヒズボラの手に渡る危険性も十分にあります。イランのアフマディネジャード大統領は「イスラエルを地図上から抹消する」と公言しています。ヒズボラに対する支援を通じても、イランはこの野望を実現しようとしています。それですから、イスラエルとしては、アサド政権がヒズボラに高性能ミサイルや大量破壊兵器が移転されるのを防ぐため、ありとあらゆる方策を取ることを余儀なくされているのです。

イスラエルとロシア協力態勢

ここで興味深いのは、イスラエルがロシアにも接近していることです。五月十三日に、ロシアの南部ソチをイスラエルのネタニヤフ首相が訪問し、プーチン露大統領と会談しています。

本件に関しては、産経新聞の以下の報道が興味深いです。

〈露大統領　イスラエル首相とシリア情勢で会談
ロシアのプーチン大統領は十三日、露南部の保養地ソチを訪れたイスラエルのネタニヤフ首相と会談、混迷化するシリア情勢について、今後も両首脳間のホットラインだけでなく、諜報機関間の連絡などを通じて情報交換を密にし、事態の悪化を防ぐことを確認しあった。
プーチン大統領は会談後の会見で、「シリアの内戦の継続は、シリアやこの地域全体に破滅的な結果をもたらす」と強調した。（モスクワ　佐々木正明）〉（五月十四日『ＭＳＮ産経ニュース』）

ここで重要なのは、「諜報機関間の連絡などを通じて情報交換を密にし」という部分です。シリア問題に関しては、表の外交ルートだけでなく、モサドとＳＶＲ（露対外諜報庁）のチャネルも用いて、イスラエルとロシアが協力態勢を構築するということです。表には出ていませんが、ロシアからシリアへの「Ｓ－３００」の供与についても、何らかの歯止めがかかったと私は推定しています。

外交の世界では、取り引きや、駆け引きが重要な要素になります。イスラエルはロシアとの首脳外交を通じて、イランによるイスラエル抹消計画を封じ込める態勢を着実に構築しつつあります。

安倍首相のモスクワ訪問と共同声明

実は、シリア情勢に、日本も、恐らく自覚せずに、無視できない影響を与えています。四月二十八〜三十日、安倍晋三首相がモスクワを訪問し、プーチン露大統領と会談し、五十三項目からなる「日露パートナーシップの発展に関する日本国総理大臣とロシア連邦大統領の共同声明」に合意しました（ただし、署名はありません。署名がなくても、政治的な国家間合意としての有効性に変化はありません）。「共同声明」第50項、第51項でシリア情勢に関してこう記しています。

〈50両首脳は、シリアにおける激しい人道危機に関する深刻な懸念を表明し、シリア人自身の主導による政治的移行プロセスに対する支持を堅持することを確認しつつ、シリアの独立、主権、統一及び領土保全に対する原則的な支持を表明した。

51両首脳は、全ての関係者に対し、二〇一二年六月三十日付けのジュネーブ・コミュニケの規定に従って、シリアにおける暴力及び人権侵害の停止並びにB・アサド政権と様々な反対グループとの間の対話を通じた政治解決の道筋の模索を促すよう呼びかけるとともに、L・ブラヒミ国連・アラブ連盟特別代表の活動への支援を表明した。また、両首脳は、シリア国外にいる難民を含むシリア国民への国際人道支援の拡大及び被害にあった人々がその支援に差し障りなくアクセスできることの重要性を強調した。〉

この合意からは、シリアのバッシャール・アサド政権の生存権を認めるというニュアンスが強くうかがわれます。本音ではアサド政権の打倒を考えている米国や西欧と、日本は一線を画する立場を示したことになります。

私が外務省にいて、この「共同声明」に関与したならば、アサド政権の生存権を認めることの取り引きで、アサド政権がテロリスト集団への武器の移転を行なわないことが必要との文言を入れたと思います。そうすれば、日本がイスラエルから北方領土交渉をめぐってインテリジェンス面での協力を得る可能性が生まれます。

イスラエルの外交を見ていると、イスラエル国家とユダヤ人の生き残りのために、目には見えないが、確実に存在する力が働いていることを実感します。

（二〇一三年五月二十三日脱稿）

9話　シャロン元首相とロシア

Z君、元気にしていますか。

一月十一日に元イスラエル首相のアリエル・シャロン氏が亡くなりました。心から哀悼の意を表明します。シャロン氏逝去に関する新聞報道を読んで、日本では未だにステレオタイプのイスラエル悪玉論が横行していることを再認識しました。その典型である朝日新聞の報道を引用しておきます。

〈シャロン・イスラエル元首相死去　対パレスチナ強硬派

イスラエルのアリエル・シャロン元首相が十一日、入院先のテルアビブ近郊の病院で死去した。八十五歳だった。二〇〇六年一月に脳出血で倒れ、約八年間意識不明の状態が続いていた。〇一年から〇六年まで首相を務め、対パレスチナの強硬派として知られた。

英委任統治下の一九二八年に現イスラエル中部のロシア系移民家庭に生まれた。英国からの独立を目指すユダヤ人武装組織に参加。四八年のイスラエル建国後の四次にわたる中東戦争すべてに参戦し、数々の戦績を上げた戦場の英雄だった。

政治家に転身後は、強引な政治手法で「ブルドーザー」の異名を取った。国防相時代の八二年に故アラファト議長率いるパレスチナ解放機構（PLO）の拠点を一掃するためレバノン侵攻を指揮。レバノン民兵によるパレスチナ難民大虐殺事件に関与したとして国際的な非難を浴びた。住宅建設相などを歴任し、国際法違反の占領地でのユダヤ人入植地拡大を推進した。

右派リクード党首だった二〇〇〇年九月には東エルサレム旧市街のイスラム教の聖地訪問を強行し、パレスチナ人による第二次インティファーダ（民衆蜂起）の引き金を引いた。〇一年に首相に選ばれてからは、テロ掃討作戦としてパレスチナ自治区へたびたび侵攻した。イスラム組織ハマス幹部らの暗殺も繰り返した。パレスチナ人のテロを抑えられない故アラファト議長を「敵」だとして軟禁下に置き、自治政府を「テロ支援体制」と認定して議長府を爆撃した。イスラエルの治安維持では譲らず、「自爆テロ犯の侵入防止」としてパレスチナ人の街や村を分断する分離壁の建設を強行し、国際社会の非難を浴びた。

パレスチナとの和平対話を一方的に打ち切り、ガザの入植地を撤去しイスラエル軍を撤退する計画を〇五年八月に実行。結果的には和平の方針に沿う英断だとして国際社会からも評価された。

同年十一月、突如パレスチナとの二国家共存を目指す方針を打ち出し、リクード党を離党して中道政党カディマを結成。政界を揺るがした。その直後に倒れ、シャロン氏がパレスチナとの和平の実現にどれほどの決意と構想を持っていたのかは謎のままに終わった。

ペレス大統領は十一日、「国を愛し、国に愛された勇敢な兵士であり、勇気あるリーダーだった。難しい決断をし、実行するすべを知っていた」と死を悼んだ。

生前のシャロン氏と確執があったネタニヤフ首相は同日、「一番勇敢な兵士であり、最も偉大な軍司令官の一人だった。彼の記憶は国民の心に永遠に残るだろう」とたたえた。

一方、イスラム組織ハマスのバルフーム報道官は「暴君に神が与えた運命だ。手がパレスチナ人の血に染まった犯罪者が死んだ歴史的瞬間だ」と述べた。

◇

シャロン氏の亡きがらは十二日にエルサレムの国会に安置され、一般市民の弔問を受けた後、十三日にバイデン米副大統領、ロシアのラブロフ外相ら各国要人が参列して追悼式が行なわれる。同日午後にイスラエル南部ネゲブのシャロン氏の自宅近くで国葬が執り行なわれ、先に亡くなった夫人のそばに埋葬される予定だという。(エルサレム=山尾有紀恵)〉(一月十二日『朝日新聞デジタル』)

山尾記者のこの記事は、明らかにパレスチナ側に軸足を置いています。テロ組織であるハマスのスポークスマンの報道官の「暴君に神が与えた運命だ。手がパレスチナ人の血に染まった犯罪者が死んだ歴史的瞬間だ」というような発言にニュース性があるのでしょうか。山尾記者に決定的に欠けているのは、「イスラエルの生存権を認める」という発想です。

中立的な「ロシアの声」

朝日新聞と比較して、一月十一日の露国営ラジオ「ロシアの声」の報じたシャロン逝去に関するニュースの方がはるかに中立的です。

〈イスラエル　シャロン元首相死去

十一日、イスラエルのアリエル・シャロン元首相が入院先のテルアビブ近郊の病院で死去した。八十五歳だった。なおシャロン氏はここ八年間、昏睡状態にあり意識がなかった。彼は数十年にわたり、イスラエルの政治舞台における主要人物だった。多くのイスラエル人は、彼を国民的英雄とみなし、国の象徴とさえ捉えている。

アリエル・シャロン、旧姓シェイネルマンは、一九二八年、ユダヤ人の住むクファル・マラレ村のロシア系家族の子として生まれた。彼の両親は、農業を営んでいた。一九四八年、第一次アラブ・イスラエル戦争が始まるとすぐ、学業を中断し、前線に赴いた。シャロン氏は、戦場で数多くの功績を挙げている。

一九七〇年代初め、彼は軍務を退き、政治の世界に入った。一九七三年彼は、政党「リクード」から立候補し、イスラエルの国会議員となった。そして八〇年代、九〇年代には、農相、国防相、通産相、住宅建設相、国家基盤相、外務相のポストを歴任した。そしてついに二〇〇一年には首相に就任した。彼は。ヨルダン川西岸及びガザ地区におけるユダヤ人入植地建設プログラムを作成した人物として知られている。

二〇〇五年、対アラブ強硬派として知られるシャロン氏は突如、ガザ地区からのユダヤ人入植者の避難と、ヨルダン川西岸地区における遮蔽物建設を発表した。こうしたプランは「リクード」内の彼の同志の間でも反対が強く、同年シャロン氏は、同党を離れ、新しい中道政党「カディマ（前進）」を設立した。

翌二〇〇六年、シャロン氏は首相在任中に「広範囲にわたる脳出血」の診断で、病院に運ばれ、その数日後に昏睡状態となり、人工呼吸器なしには生存が危うい状態となった。その後長い間元首相の病状は安定していたが、今年に入って二日、医師団は、彼が急性腎不全を起こし病状が悪化している事を明らかにした。

そして十一日、ついに意識が戻らぬまま、シャロン氏は八十五歳の生涯を終えた。〉

(http://japanese.ruvr.ru/2014_01_11/127144544/)

イスラエルの新移民

ロシア人は、シャロン氏に対して畏敬の念を抱いています。それは、シャロン氏がイスラエル国家を防衛するために四回も最前線で戦ったからです。ロシア人は、国家のために命を捧げる気構えを持つ人ならば、外国人でも尊敬します。

イスラエルには「新移民」と呼ばれる旧ソ連出身者が約一〇〇万人いることは、Z君も新聞報道で知っていると思います。ヨルダン川西岸に入植したユダヤ人の多くが「新移民」です。それですから、西岸への入植者の安全を保障するために尽力したシャロン氏はロシアで評判がよいのです。

ソ連のユダヤ人は、ロシア以外にもエストニア、ラトビア、リトアニア、ウクライナなどに居住していましたが、いずれもロシア語を話すので、広義のロシア人（ロシヤーニン、ロシア語でロシア帝国臣民の意味です。エスニックにロシア人ではないが、ロシア国家への同化傾向をもつ人々に対して用います）と見なされていました。これらの人々は、ソ連にいたときはユダヤ人としての自己意識を強く持って、一刻も早く、ロシア人の支配から脱しようとしました。しかし、「新移民」として、イスラエルに住むようになると、文化面でのロシア人としてのアイデンティティーが強まりました。政治的にロシアを好きにはなれないのですが、文化的には親しみを持ち続ける「新移民」が多いのです。

それですから、イスラエルとロシアの関係は、日本で一般に考えられているよりも、ずっと緊密です。外交的に対立していても、水面下では緊密な情報や意見の交換が行なわれています。シャロン氏は、流暢ではないですが、意思疎通ができるレベルのロシア語力を持っていました。ロシア語でコミュニケーションを取ることが出来たので、ロシアの政治エリートはシャロン氏に親しみを感じていました。

ロシアの影響力が高まって

Z君、米国が中東から急速に手を引いています。それに変わって、ロシアの影響力が、特にシリアにおいて高まっています。その関係で、ロシア発のシリアに関する情報の質が向上しています。旧ソ連時代からロシアはシリアと良好な関係をもっているので、ロシア政府、軍、アカデミズムにはシリアの専門家が多いです。「ロシアの声」日本語版に掲載されたシリア関係のニュースを継続的にウオッチしていると、日本の報道では見えてこない問題の複雑さがわかります。

シリア反体制派の状況については、去年十二月一日のイーゴリ・シレツキー、アンドレイ・スミルノフ両記者による「シリア　第二回ジュネーブ和平会議へ向けて」と題する以下の論評が興味深いです。

〈シリアでの状況は依然として複雑を極めている。在ダマスカスロシア大使館も攻撃され、いたるところで反対派武装勢力の攻撃によって子供たちが犠牲になっている。「自由シリア軍」は戦闘行動の停止を拒んでいる。和平のための期待は、第二回ジュネーブ国際会議にかかっている。

今週、英国のオックスフォード・リサーチ・グループは衝撃的な資料を発表した。シリアでの内戦では、一万一千人の子供が犠牲になっているというのだ。その多くは、銃撃戦や爆撃の巻き添えとなったものだ。狙撃手の手にかかった子供たちもいる。もし欧米諸国がシリアに武力介入していれば、この犠牲はさらに大きくなっていたことだろう。リビアおよびシリア国民との連帯委員会の共同議長を務めるオレグ・フォミン氏は次のように指摘している。

「米国がリビアをトマホークミサイルで攻撃したときや、バグダッドを爆撃したとき、果たして子供たちのことが考えられていたのでしょうか。アフガニスタン、イラク、パキスタンなどでは無人飛行機が一般市民を無差別に撃ち殺しています。大人なのか、子供なのかということは気にしていないのです」

子供たちの命を救うことができるのは和平しかない。どちらか一方が片方に勝利するのではなく、双方が自ら進んで武器を置き、交渉の席につくことが必要なのだ。

第二回ジュネーブ和平会議が重要なのはそのためだ。セルゲイ・ラヴロフ外務大臣は、その開催予定を来年一月二十二日、としている。もちろん、その会議で大きな進展が得られる望みは薄い。なぜなら、シリア政府の交渉相手がしっかりと定まっていないからだ。そして反政府勢力の多くは戦闘をやめる気がない。中東問題に詳しいセミョン・バグダサロフ氏は次のように指摘している。

「反対派革命勢力連合と呼ばれている主要集団も、シリアの現状に対する影響力はありません。状況を左右しているのは、実際に戦闘行動を行なっているいくつかの武装集団なのです」

反対派諸勢力は会議への参加の条件としてシリア憲法の停止とアサド大統領の退陣を求め

ている。ジュネーブ和平会議でシリア政府側の団長を務めることとなるワリド・ムアレム外務大臣は、「戦闘集団への資金および武器の支援を根絶して始めて、会議は成功するだろう」と指摘している。常識的に考えて、様々な武装集団への武器および資金の流れを根絶することが必要なのは明白である。〉(http://japanese.ruvr.ru/2013_12_01/125254548/)

シリア問題とイスラエル

一月二十二日に行なわれる「ジュネーブ2（第二回ジュネーブ和平会議）は、ロシア主導になると私は見ています。シリア反体制派の一部にアルカイダなどのイスラム原理主義過激派とつながる分子がいることは事実です。その部分をプリズムで拡大し、欧米諸国の危機感を煽り、「テロリズムが国際的に拡散するよりは、アサド独裁政権が続いて、シリアが安定していた方がいい」という方向に、欧米を誘導すると思います。この誘導は、恐らく成功すると私は見ています。

イスラエルの国益から見ても、シリアが極度の混乱に陥らず、スタートゥス・クオ（現状維持）が続くことが、所与の条件下では、最良のシナリオと思います。この観点から、イスラエルとロシアは、さまざまなチャンネルを使って、シリア問題について両国の利害関係を調整していると私は見ています。

（二〇一四年一月十五日脱稿）

III　日本とイスラエルの考察ノート

10話 『スギハラ・ダラー』から杉原千畝を読み解く

二〇一〇年二月に筆者が尊敬する外交ジャーナリストの手嶋龍一氏（元NHKワシントン支局長）が『スギハラ・ダラー』（新潮社、二〇一〇年）を上梓した。一九四〇年夏にリトアニア共和国の首都（当時）カウナスの日本領事館で領事代理をつとめていた杉原千畝が発行した「命のビザ」で、日本を経由し、米国に渡ったアンドレイが、先物市場の大立者になるという話を軸に物語が展開される。その中で九・一一事件を背後で操る勢力や、二〇〇八年のリーマン・ショックの「謎解き」などがでてくる興味深いインテリジェンス小説だ。

インテリジェンス小説とは、事実をそのまま描いたドキュメンタリー・ノンフィクションではない。また、実際の話に架空の人物を押し込んで、そこに「ふくらし粉」を入れて創作したノンフィクション・ノベルでもない。あえてインテリジェンス小説の定義をすると「公開情報や秘密情報を精査、分析して、近未来に起こるであろう出来事を描く小説」である。

イスラエルの役割

この小説に、一般の報道ではなかなか知ることができないインテリジェンス情報が盛り込まれている。そこでイスラエルが重要な役割を果たしている。例えば、北朝鮮とシリアに関する部分だ。

〈シリアから北朝鮮に供与された小麦の時価総額は、新たに原子炉を完成する費用とほぼ同額だ。イスラエルの情報当局は、シリア・北朝鮮の秘密議定書を密かに入手した。そしてこの小麦の取引が原子炉の建設計画と裏表の関係にあることが関係者の証言で裏付けられたのだった。

シリアが核開発を急ピッチで進めているという情報をめぐって、ブッシュ政権の内部で深刻な対立が持ちあがっていた。強硬派のネオコン一派は、シリアの核の背後に北朝鮮の影を見咎めて、国務省が進めている宥和的な対北朝鮮政策に異を唱えたのだった。国務省の東アジア・チームが、金正日政権を甘やかした結果、ピョンヤンからダマスカスに核兵器を拡散させることになったと批判し攻勢を強めていたのだ。

これに対してコンドリーザ・ライス国務長官率いる国務省一派は、北朝鮮がシリアへ様々な支援を行っていたのは過去の出来事だと一蹴した。そしてイスラエルがシリアを攻撃するのは時期尚早だと強い難色を示したのだった。

こうした米政権内部の論争に止めを刺すべく、イスラエル参謀本部に直属する特殊部隊

「セイェレット・マトカル」がシリア国内に潜入していった。シリア軍の軍服をまとってシリア兵士になりすました特殊部隊は、この施設に侵入して核物質を持ち帰っている。それはシリアがこの施設で長崎型のプルトニウム爆弾の製造に手を染めている動かぬ証拠だった。

イスラエルの国防相エフード・バラックは、ブッシュ政権にシリアの核施設を攻撃することを内報したうえで、全軍に戦闘態勢を命じた。二〇〇七年九月六日を期して空爆が敢行された。イスラエル空軍のF15戦闘機の編隊がシリア上空に姿を見せ、アル・キバルに建設中だった核関連施設を標的に爆撃が行なわれた。この攻撃によって現場にいた北朝鮮の外交官と技術者が死亡した。

シリアのアサド大統領は「爆撃された標的は、現在は使われていない軍事施設であり、空爆はなんらの結果ももたらさない」と述べた。「セメント工場」が「軍事施設」に巧みに言い換えられている。それでも、シリアの核施設の開発に北朝鮮が協力している事実はないと強弁した。

これに対して、アメリカ政府は核施設の爆撃前の写真を主要メディアに公開した。それは、北朝鮮が寧辺に完成させた、プルトニウム爆弾の原料を抽出するための黒鉛減速ガス冷却炉と酷似していた。〉(『スギハラ・ダラー』二〇三～二〇四頁)

アサド大統領の側近から?

インテリジェンス工作は、「裏の世界」で展開される。もちろんイスラエルは、二〇〇七年九月六日のシリア空爆を認めていない。米国も公式には何も認めていない。しかし、ここに北朝鮮の協力で建てられた核施設があり、それをイスラエルが破壊したことは、インテリジェンス業界の常識である。さらに、イスラエルの空爆に対してシリア空軍は一切迎撃を行なわなかった。シリアの防空能力は、決して低くない。核施設ならば、全力をあげて防衛するはずだ。この関連で、筆者のところに西側軍事筋からこんな情報が入ってきた。

「実は、シリア軍は、ユーフラテス川添いのアル・キバルで核開発が行なわれていることをまったく知らなかった。それだから、シリアは迎撃機を飛ばすことも、地対空ミサイルを撃つこともできなかった。北朝鮮の協力を得た核開発は、バッシャール・アサド大統領に直属する秘密委員会が行なっていた。バッシャールは、核開発を進めている事実を軍に伝えなかったのである」

この情報の信憑性は高いと筆者は考えている。そうなるとここで疑問がでてくる。いったいイスラエルはどこからシリアが北朝鮮と協力して核開発を進めている情報をとったのだろうか？　北朝鮮から情報が漏れることはまず考えられない。そうなるとシリアだ。シリア軍幹部も知らない情報が、イスラエルに漏れているということは、バッシャール・アサド大統領の側近で、イスラエルに国家最高機密を漏洩している者がいるということだ。シリア空爆の効果は、核施設を破壊しただけでなく、シリア指導部に疑心暗鬼をもたらした。まさに芸術的なインテリジェンス工作と言えよう。

杉原千畝「命のビザ」の謎

新刊小説のネタバレをするような記述は、業界の掟破りになるので、『スギハラ・ダラー』の筋については、これ以上、説明しない。この小説は、前に述べたように杉原千畝の「命のビザ」を軸に進められている。その中で、杉原千畝が人道精神に基づいてユダヤ人に対してビザを出したという「美談」ではなく、傑出したインテリジェンス・オフィサーであった杉原千畝が、対ソ情報工作の観点から、本省の訓令に違反する体裁をとって、「命のビザ」を発給したという見方を手嶋氏は示している。

この物語が成立するためには、杉原千畝が外務省のインテリジェンス・オフィサーであったということが、挙証されなくてはならない。そうでないと、ノンフィクション・ノベルにはなっても、インテリジェンス小説にはならない。手嶋氏は、外務省総務課外交史料館に勤務する外交史の専門家として外務省においてもアカデミズムにおいても、その精緻な実証研究が高く評価されている白石仁章氏の研究を踏まえた上で、この作品を仕上げた。

なぜソ連は入国を拒否したのか

白石氏は、査証関係の外務省公電（公務で用いる電報）の中から、杉原千畝がインテリジェンス活動に従事している物証を見つけ出した。

〈一九三六年末、外務省は、杉原がロシア語能力を活かし、さらに活躍することを期待して、在ソ連大使館に二等通訳官として赴任することを命じた。ところが、ソ連側は杉原に入国許可を出さず、日本側を「国際慣例上先例がない」と激昂させ、この後三カ月近くも厳しい交渉が続いたのだった。この問題については、杉原の夫人幸子氏の著作『【新版】六千人の命のビザ』でも言及されているが、幸子夫人も「杉原はロシア通だからと、ソ連の方でも神経を尖らせていたのでしょう」と記すのみであり、詳しい事情はご存じなかったようである。

関連史料が史料館のどこかに眠っているのではと考え、色々と推測してみた。入国許可が出なかったということは、入国ビザの発給を拒否されていたということになるので、それではビザ関係のファイルにあるのではと、まず当たりをつけてみた。外交史料館の分類では、昭和戦前期の「移民、旅券」などの史料はＪ門に分類される。Ｊ門の目録を夢中で見ていくと何冊か期待させるタイトルがあり、その都度書庫に駆け込み確認したが空振りが続いた。三振を連発し、諦めかけたとき、ついに求めていた記録が綴られた「外国ニ於ケル旅券及査証法規並同取扱事件雑件　蘇連邦ノ部　本省員関係」というファイルに出会った。

ツーストライク、ノーボールに追い詰められながら、そこからホームランでも打ったような気持ちになり、早速読み始めたが、予想以上の内容に驚いた。当時の日ソ間におけるインテリジェンスをめぐる苛烈な駆け引きの記録であったのだ。

当初ソ連側は、杉原には好ましからざる理由が二、三あるので、ビザ発給は認められないと繰り返したが、具体的理由を説明しようとしない態度は不可解そのものだった。

二カ月が過ぎ、その間在ソ連日本大使館では度々当局に善処を要求し、また好ましからざるとする理由を提示するよう粘ったが、ソ連側の対応は変わらなかった。業を煮やした堀内謙介外務次官が、一九三七年二月二十三日にライヴィット駐日ソ連臨時代理大使を呼び出して、この件について問い質した。ようやく、ライヴィットが明らかにした理由とは、杉原がソ連に敵意を懐く白系露人と親しく接触していたというものであった。

杉原がロシア語を学んだハルビンは、ロシア人が開いた街であり、ロシア人が多数住んでいロシア革命後には、新政権に反対なロシア人、いわゆる白系露人が多数住んでいた。た。〉（白石仁章「一級史料から読み解く『杉原千畝』の情報戦　インテリジェンス・オフィサーの無念」『小説新潮』二〇一〇年三月号）

外交史料を読み込むと

この論文は、小説誌よりも総合誌に掲載した方がよい内容のノンフィクションだ。外交的な照会に対して、ソ連政府を代表する臨時代理大使が、〈ソ連に敵意を懐く白系露人と親しく接触していた〉と答えたことは、そうとうの重みをもつ。ソ連として、杉原千畝は「好ましくない人物（ペルソナ・ノン・グラータ）」だったということである。

もっとも、外交史料館から、杉原千畝が具体的にどのようなインテリジェンス活動に従事していたかをうかがわせる具体的な史料は、現時点までのところ見つかっていない。白石氏は、〈これは、筆者の見解だが、ソ連側は杉原が白系露人の諜報網を駆使していたことまでは把握していていたが、具体的な活動については全くつかむことが出来なかったのだろう。それだけに、杉原というインテリジェンス・オフィサーの存在を恐れ、何とかモスクワへの赴任だけは防ごうとして、非常識なまでの入国拒絶に訴えたのではないか。〉(前掲論文)と推定する。

太平洋戦争中、空襲によって外交文書がかなり多く失われた。杉原千畝が外務本省に報告した機微に触れる情報は、そのため失われてしまったのかもしれない。あるいは、杉原千畝が傑出したインテリジェンス・オフィサーであるならば、情報源が特定されるような形で機密情報を外務本省に報告することはない。当時の公電は、一般の商用回線を通じて外務本省に送られた。満州、リトアニア、フィンランドなど杉原千畝が勤務した場所にソ連はスパイ網を張り巡らしていた。公電を盗み出すことは十分可能だ。もちろん公電には暗号がかけられている。しかし、絶対に破ることができない暗号は存在しない。従って、重要な情報は、公電にならない別の方法、つまり信頼できる「連絡員」を通じて、口頭で伝えていたのかもしれない。あるいは、外交伝書使（クーリエ）が運ぶ外交行嚢（パウチ）に痕跡が残らないように周到に配慮した文書で連絡をとっていたのかもしれない。

リトアニアのユダヤ難民

いずれにせよ、白石氏の実証研究を用いて、手嶋氏は新たな杉原千畝像を構築する。さわりの部分を紹介する。

〈スターリンに率いられたソ連は、ほどなくリトアニアを併合してしまった。一九四〇年七月二十一日のことだった。

「首府カウナスに在る各国の在外公館は、八月末を以って閉鎖し、すみやかに退去すべし」

ソ連当局はこう通告した。

ナチス・ドイツの弾圧を逃れて独立国リトアニアに逃げ込んだはずのリフカとアンドレイ。彼らにとってこの地も安寧を得られる場所ではなくなった。スターリンが微かに顎を動かしただけで、瞬時に焼かれてしまう籠のなかの小鳥――それがリトアニアのユダヤ難民だった。独ソ両国が、不可侵条約を破棄して戦端を開けば、リトアニアはたちまち戦場となり、籠の鳥は覇者の手に渡ってしまう。

ユダヤ難民に残されている道はたった一つ。すみやかにリトアニアを去って、シベリアの地を横断し、日本海沿岸のウラジオストック港に逃れる――。ソ連に対して中立を装っている日本へ辿り着けば、万にひとつ生きのびられるかもしれない。

そのためには、日本に入国できる通過査証がなんとしても必要だった。シベリア鉄道を辿って日本に上陸できれば、上海のユダヤ人居留地やアメリカに渡る希望もかなえられるかもしれない。だがそれには夜空に手を伸ばして流星を掴むほどの幸運が必要だった。〉(『スギハラ・ダラー』三八頁)

ここで手嶋氏は、ロンドンのポーランド亡命政府とユダヤ人ネットワークを重ね合わせ、物語を展開する。

〈ポーランド軍はナチス・ドイツ軍に容易に降伏しようとせず、まず同盟国フランスの首都パリに、ついでイギリスの首都ロンドンに亡命政府を樹立して抵抗をやめなかった。ポーランド軍は、地下に秘密情報部を設けて、反独ネットワークを全ヨーロッパに張り巡らした。このポーランド秘密情報部に馳せ参じた士官の多くが、ポーランド国籍を持つユダヤ人だった。亡命ポーランド政府のインテリジェンス組織は、全欧ユダヤ人の情報ネットワークとぴたりと重なっていたのである。〉（『スギハラ・ダラー』三八～三九頁）

チェコ人の古本屋

筆者は、一九八六年九月～八七年六月、英国陸軍語学学校に留学し、ロシア語を勉強した。筆者はチェコの神学と思想に関心をもっていたので、亡命チェコ人でBBC（英国放送協会）のチェコ語海外放送のアナウンサーをつとめたスデネク・マストニク氏が経営する「インタープレス」という古本屋を週一回訪れた。マストニク氏の夫人ヘレナさんはケンブリッジ大学のチェコ語講師だった。マストニク氏は、「歩く百科事典」のようにチェコ事情に通暁していたので、筆者は同氏からチェコ思想史や共産圏事情についての講義を受けた。

マストニク氏の古本屋からは、チェコスロバキアを含む共産圏で発禁になった書籍、また発禁になってはいないが発行部数が百部以内で入手がきわめて困難な神学書を入手することができた。「インタープレス」は「アカデミックブック・エクスチェンジ（学術図書交換）」という別の名前をもっていた。

そして社会主義国の図書輸出入公団とマストニク氏は興味深い取り引きをしていた。当局の忌避に触れた発禁本は社会主義国政府にとってゴミよりも質が悪い。こういう「悪書」は、書店や図書館から回収し、断裁するという建前になっていた。ただし一部の「悪書」を社会主義国政府は、西側諸国に流していた。「悪書」と交換で、西側で発行された辞書や科学技術書を入手するためだ。そうすれば貴重な外貨を節約することができる。その窓口にマストニク氏がなっていた。この仕事の意味についてマストニク氏は筆者にこう言った。

「私たち夫婦には子供がいない。私たちが死んだ後、チェコに関する何かを残したい。ヘレナはケンブリッジ大学や英国外務省研修所でチェコ語を教え、チェコ専門家を養成することで形を残す。私は、このままだと社会主義国で抹消されてしまうことになる書籍を救い出して、大英博物館、米国議会図書館に送る。本は私が死んだ後もずっと残るからね」

マストニク氏は、本に関して不思議な原則をもっていた。マストニク氏は、ときどき本棚から本を取り出し、「この本を勧める。マサルに読む意思があるか」と尋ねる。私が「読みたいです」と答えると、その本を無料でくれる。筆者が「カネを払いたい」と言っても受け取ってくれない。その理由をマストニク氏はこう説明した。

「私は本の専門家だ。本には一冊ずつ運命がある。何十年も本を扱っていると、その本が誰のところに行くのが幸せかだいたいわかるようになる。私は、私がチェコスロバキアから救い出した本がいちばん幸せな生涯を送ってほしいと思っている。この中にはマサルのところに行くのが幸せな本がいくつもある。だから私はそれをより分けているのだ」

結局、筆者はマストニク氏から数百冊の神学書、思想書、歴史書を無償で譲り受けた。それはいまもとても役に立っている。マストニク夫妻に誘われ、ロンドン北部の高級住宅街ハムステッドにあるチェコスロバキア・クラブでときどき食事をした。反共系の亡命チェコスロバキア政府代表部の建物がこのクラブになっていた。そこでマストニク氏にこんな話を聞いた。

「ナチス・ドイツの英国本土爆撃を迎撃にチェコ人、スロバキア人、ポーランド人のパイロットが狩り出された。生命を英国に差し出す代償にして、祖国を失い、行き場のない人たちはロンドンで生き延びたんだよ。そのほとんどがユダヤ系だった」

筆者が「あなたもユダヤ系なんですか」と尋ねると、マストニク氏は「残念ながら違う。私は、戦争中チェコにいた。共産政権が成立した後、亡命した。もし私がユダヤ人だったらイスラエルに帰還したよ」と笑いながら答えた。

ポーランド秘密情報部

ロンドンにはチェコスロバキア・クラブとともにポーランド・クラブもあった。手嶋氏が『スギハラ・ダラー』で展開する〈亡命ポーランド政府のインテリジェンス組織は、全欧ユダヤ人の情報ネットワークとぴたりと重なっていた〉という話に誇張はない。

『スギハラ・ダラー』では、オランダのビジネスマンが杉原千畝とユダヤ人ネットワークを結びつける。

〈ポーランド秘密情報部がまず眼をつけたのは、カウナスで電機メーカー、フィリップスの代表を務めていたオランダのビジネスマンだった。彼はオランダの名誉総領事を兼任していた。この人物に頼みこんでリトアニアからシベリア経由で極東に行く通過査証を発給してもらおうとした。だが、オランダは既にナチス・ドイツの占領下にあり、敗戦国が発給する査証をソ連当局が認めてくれるかどうか定かでなかった。職業外交官でない名誉総領事が発給する査証の効力にも疑問があった。

この名誉総領事は、ユダヤ難民のリーダーのひとりに重大な情報をそっと囁いてくれた。

「あなた方が極東への旅立ちを考えているなら、ウラジオストック港から海を隔ててその向こうに浮かぶ弧状列島を渡航先にすべきです。お分かりかな。そう、ニッポンです。幸いカウナスには最近日本の外交官が赴任してきた。名前はチウネ・スギハラ。彼に接触してみてはどうでしょう。あのひとなら話を聞いてくれるかもしれない」

ナチス・ドイツに占領されたオランダゆえに、こんな情報を漏らしてくれたのだろう。この情報は難民のリーダーから直ちにポーランド秘密情報部に伝えられた。「チウネ・スギハラ」とはいかなる人物か、果たしてユダヤ難民に手を差し伸べてくれる可能性はあるのか、懸命の情報収集が始まった。やがて杉原千畝がかつてハルビンにいたという情報がもたらされ、ポーランド秘密情報部からハルビンのユダヤ人コミュニティーに宛てて「スギハラ情報」が照会された。三日後に暗号に組まれた詳細な回答が打ち返されてきた。〉（『スギハラ・

ダラー』三九～四〇頁）

この暗号をかけられた回答という話は、もちろん手嶋氏の創作だ。もっともその文体は、外務省の公電（公務で用いる電報）ならば「事務連絡」、公信（公務で用いられる手紙）ならば「半公信」という体裁で書かれる公文書と同じだ。公式の記録に残したくない機微に触れる内容について、外務省では「事務連絡」か「半公信」でやりとりをするからだ。日本外務省の内情に通じている手嶋氏だから、こういう表現をすることができる。

情報士官・杉原千畝

〈在カウナス・ポーランド武装闘争同盟殿

貴機関からの照会にご回答申し上げます。リトアニアの首都カウナスにこのほど領事代理その尋常ならざる語学力、情報収集力、交渉能力いずれをとっても、日本外務省切ってのロシア専門家に間違いありません。しかしながら、杉原千畝氏を単に外務省員と規定することは適当ではないでしょう。真の意味で「インテリジェンス・オフィサー」と呼ぶのがふさわしいと存じます。

杉原千畝氏は外務省から派遣されて日露協会学校の第一期生としてハルビンにやってきました。この学校は現在ハルビン学院と呼ばれております。ここでロシア語とロシアの政治・経済・社会情勢を学び、極めて優秀な成績を修めたという記録が残っています。とりわけロシア語能力については定評があり、杉原氏が衝立の向こうでロシア語を話しているのを聞いたロシア人は、生粋のロシア人だと疑わなかったと証言しております。

杉原千畝氏はこの学校に入学し、その翌年、兵役に就くため一時日本に帰ったのですが、間もなく復学して、こんどはロシア語の教師も務めております。それだけ優秀な人材であったと申せましょう。

独身であった杉原千畝氏は、ハルビンの盛り場に時折出入りしていたのが目撃されています。ここで働いていた麗しい少女がクラウディア・セミョーノヴナ・アポロノヴァでした。ロシアの中部に広大な農園を所有する貴族の家に生まれたのですが、ロシア革命によってすべてを喪い、ハルビンに身を寄せたいわゆる白系ロシア人のひとりです。当時、クラウディアはまだ十六、七の、少女といっていい年齢だったのですが、杉原千畝氏はその可憐で、少し淋しげなクラウディアの美しさに心惹かれて、やがて恋に落ちて行きました。

ふたりがハルビンのロシア正教会で正式に結婚式を挙げたのは一九二四年のことでした。クラウディアの家系はユダヤ系なのですが、彼女はロシア正教徒でした。結婚にあたって新郎の杉原千畝氏もロシア正教に入信し、セルゲイ・パヴロヴィッチという洗礼名を授かっています。妻のクラウディアは夫を「セルゲイ」と呼んでおりました。結婚後、杉原千畝氏はロシア貴族でありながら東清鉄道の警備員に身をやつしていた舅の暮らしの面倒もそれとなく見ていたようです。実に心やさしき日本人でした。

杉原千畝氏は一九二四年の暮れには、ハルビン総領事館の通訳官となり、当地を去る一九三五年まで、ロシア通の外交官としてハルビンの外交コミュニティーで重きをなした人物でした。外交官として、と申し上げましたが、正確には日本陸軍のハルビン特務機関に連らなる情報士官だったと言ってもいいでしょう。その間、一九三二年から三年にわたって満州国の外交部に転出してロシア科長の要職を務めております。満州里から綏芬河に至る東清鉄道を満州国がソ連政府から買い取るための交渉で辣腕を揮います。このときの交渉ぶり、情報収集能力、語学力が際立っていたため、「警戒すべき人物なり」とソ連の情報当局の眼にとまったようです。杉原が単なる通訳官にとどまらない重要任務を担っていたと見抜いたのでしょう。

しかも妻のクラウディアはユダヤ人の血を引く白系ロシア貴族です。ソ連の情報当局が「反ボルシェビキ活動の黒幕として策動している」として監視の対象にしていた一族でした。加えて杉原千畝氏が在ハルビンのソ連総領事館の暗号簿を持ち出そうと、金庫の鍵を管理する内報者を使った工作に従事した経歴も彼への警戒を強めたのでしょう。

ハルビンで暗躍していた怪露人チェルニエヤクをはじめとして多くの情報提供者を操っていたインテリジェンス・マスターであったことはハルビン諜報界では公然の秘密でした。

一九三六年十二月には在ソビエト連邦大使館勤務を命じられたのですが、ソ連当局が入国を拒否する異例の事態となりました。モスクワの情報当局が、杉原を反ソ諜報網を操縦するインテリジェンス・マスターと見ていたと思惟できます。ソ連政府といえども日本の一外交官を「ペルソナ・ノン・グラータ」として赴任を拒否するのは例がありません。モスクワ当局にとっては杉原千畝氏の存在がいかに重いものであったかを窺わせましょう。在ハルビン・ユダヤ人協会代表〉(『スギハラ・ダラー』四〇~四二頁)

そして、この情報をポーランド秘密情報部はこう評価する。

〈ポーランド秘密情報部は、このハルビン情報を受けて、チウネ・スギハラという人物を徹底して分析した。そこから素顔のスギハラ像がくっきりと浮かびあがってきた。彼らの分析文書は次のように記している。

独ソ両国は、いま、一時の偽りの盟約を結んでいるが、両雄はやがて干戈を交えるにちがいない。日本政府も、錯綜する独ソ関係を監視させるため、杉原千畝を急遽派遣したものと思惟される。傑出した情報士官たる杉原千畝を『バルトの触角』としてカウナスに遣わしたのだろう。

ポーランド秘密情報部は、杉原千畝に是非とも、しかもすみやかに接触すべきだという結論に達したのだった。〉(『スギハラ・ダラー』四二~四三頁)

もちろんこの部分も手嶋氏の創作だ。しかし、ここに杉原千畝の真実が現れていると筆者は考える。「人道という観点から、外務本省の訓令に背いたノンキャリア外交官」という切り口から見ると誤認してしまうインテリジェンス・オフィサーとしての杉原千畝の姿を手嶋氏は見事に描き出した。

インテリジェンスは国策として行なわれる。戦前、戦中の日本に、ナチス・ドイツのような反ユダヤ主義がなかったからこそ、杉原千畝は「命のビザ」を発給することができたのだ。この真実を手嶋氏がインテリジェンス小説という手法で明らかにしたことを筆者はうれしく思う。

（二〇一〇年五月二十日脱稿）

11話　東日本大震災をどう考えるか

Q君、今回は反ユダヤ主義の歴史に関する話を脇に置いて三月十一日に発生した東日本大震災について記したいと思います。

時間には、ギリシア語でクロノスと表現される流れる時間と、この流れる時間を切断するギリシア語でカイロスと呼ばれる時間があることについては、新約聖書神学か組織神学の授業で聞いたことがあると思います。カイロスについては、英語のタイミング（timing）と言う方が雰囲気が伝わると思います。

米国人にとって二〇〇一年九月十一日（同時多発テロ事件）はカイロスです。日本人にとって、二〇一一年三月十一日は、米国人の九・一一に匹敵するカイロスです。それがどれくらい大きなカイロスであるかは、三月十六日に天皇陛下のビデオメッセージが出されたことからも明らかです。一九四五年八月十五日の玉音放送に匹敵する大きな出来事です。ビデオメッセージの全文を以下に記しておきます。

天皇陛下のお言葉

〈この度の東北地方太平洋沖地震は、マグニチュード九・〇という例を見ない規模の巨大地震であり、被災地の悲惨な状況に深く心を痛めています。地震や津波による死者の数は日を追って増加し、犠牲者が何人になるのかも分かりません。一人でも多くの人の無事が確認されることを願っています。また、現在、原子力発電所の状況が予断を許さぬものであることを深く案じ、関係者の尽力により事態の更なる悪化が回避されることを切に願っています。

現在、国を挙げての救援活動が進められていますが、厳しい寒さの中で、多くの人々が、食糧、飲料水、燃料などの不足により、極めて苦しい避難生活を余儀なくされています。その速やかな救済のために全力を挙げることにより、被災者の状況が少しでも好転し、人々の復興への希望につながっていくことを心から願わずにはいられません。そして、何にも増して、この大災害を生き抜き、被災者としての自らを励ましつつ、これからの日々を生きようとしている人々の雄々しさに深く胸を打たれています。

自衛隊、警察、消防、海上保安庁を始めとする国や地方自治体の人々、諸外国から救援のために来日した人々、国内の様々な救援組織に属する人々が、余震の続く危険な状況の中で、日夜救援活動を進めている努力に感謝し、その労を深くねぎらいたく思います。

今回、世界各国の元首から相次いでお見舞いの電報が届き、その多くに各国国民の気持ちが被災者と共にあるとの言葉が添えられていました。これを被災地の人々にお伝えします。

海外においては、この深い悲しみの中で、日本人が、取り乱すことなく助け合い、秩序ある対応を示していることに触れた論調も多いと聞いています。これからも皆が相携え、いたわり合って、この不幸な時期を乗り越えることを衷心より願っています。

被災者のこれからの苦難の日々を、私たち皆が、様々な形で少しでも多く分かち合っていくことが大切であろうと思います。被災した人々が決して希望を捨てることなく、身体（からだ）を大切に明日からの日々を生き抜いてくれるよう、また、国民一人びとりが、被災した各地域の上にこれからも長く心を寄せ、被災者と共にそれぞれの地域の復興の道のりを見守り続けていくことを心より願っています。〉（三月十六日 asahi.com）

無限責任を負う

Q君も御案内の通り、私は外交官でした。国際基準で外交官は無限責任を負う職業です。無限責任とは、生命と職務遂行が天秤にかかるような状況が生じた場合、職務の方が重くなることを指します。

太平洋戦争敗北後の日本の社会システム、国家システムは合理主義、生命至上主義、個人主義によって構築されています。それだから、戦争末期の特攻隊は、物量で日本軍を圧倒する米軍に対する非合理な攻撃であり、個人の生命を軽視する軍国主義の特徴ということになります。Q君も学校教育で、人間の生命は何よりも尊いと教えられてきたことと思います。

しかし、国際基準で考えた場合、自衛官、警察官、消防吏員（消防士）、海上保安官、外交官には無限責任が要求されているのです。ユダヤ人にはこのことがよくわかります。それは「マサダの要塞」の物語をユダヤ人が共有しているからです。

旧約聖書神学の授業でユダヤ人の歴史についてQ君も勉強したことと思いますが、念のために『世界大百科事典』（平凡社）の記述（関谷定夫先生執筆）を引用しておきます。

〈マサダ　Masada

死海西岸のユダの荒野のほぼ中央に位置するひし形の丘で、死海から比高約四〇〇m。南北約六〇〇m、東西は中央部で約三〇〇m。前三七～前三一年にヘロデ大王が要塞宮殿を築いたことで知られる。ヘロデの死後ローマ軍が駐留していたが、第一次ユダヤ戦争のとき、ユダヤ反乱軍が奪取してここに籠城し、七三年ローマ軍の総攻撃を前に全員九六〇名が自害して果てたイスラエル国最大の史跡。一九六三～六五年の発掘で、西の宮殿と北のけわしい崖を削って造られた三段テラス式懸崖宮殿、一〇〇〇名以上の籠城軍の生活を支えた容積四〇〇〇㎥の大貯水槽と巨大な穀物倉庫、およびローマ式大浴場跡などが明らかにされた。ふもとの周囲にはローマ軍の築いた方形の陣地跡が残る。〉

ここで同胞のために戦ったユダヤ人の論理は、近代的な合理主義、生命至上主義、個人主義からかけ離れています。現在のイスラエルにもマサダ精神が生きています。

ちなみに二〇〇二年に鈴木宗男事件に連座して私が逮捕されたときの容疑は、二〇〇〇年四月に日本の学者や外交官をロシア関連の学会に派遣したときの支出が、外務省関連の国際機関「支援委員会」から行なわれたことが背任にあたるというものでした。特にテルアビブ大学が組んだプログラムに従って、「マサダの要塞」を訪れたことが、「観光」に該当し、任務違反であるので犯罪を構成すると検察は主張しました。あのときイスラエル側が「マサダの要塞」を訪問するプログラムを入れたのは、私がイスラエルから来るお客さんを必ず靖国神社に案内していたから、その答礼だったのです。

近代の超克

少し細かい話でQ君は知らないかもしれませんが、太平洋戦争中、『文學界』や『中央公論』で「近代の超克」を巡って知識人の座談会が行なわれました。ここでいう近代とは、合理主義、生命至上主義、個人主義によって構築されたシステムです。こういう欧米によって構築された近代が限界に至ったから世界大戦が必然になったという見方が当時、日本の一級の学者たちによって展開されました。そこでは西田幾多郎の影響を受けた京都学派の哲学者たちが主導的な役割を果たしました。

ちなみに同志社大学文学部神学科（神学部の前身）の魚木忠一教授の主著『日本基督教の精神的伝統』（基督教思想叢書刊行會、一九四一年）も、第三者的に見れば、この系譜に属します。東日本大震災後のキリスト教の意味を探究する上で、魚木先生の著作を読み直すことには大きな意味があると思います。近代主義の超克について、日本の哲学者は問題点を提示することはしましたが、それを思想的に展開する余裕がありませんでした。近代主義に基づく米国の物量に圧倒され、日本の知識人に思想的展開を行なう余裕がなくなってしまったからです。

特攻隊の意義

しかし、実践において、特攻隊という形で日本人は近代を超克したのです。特攻隊が合理的であったか、非合理的であったかについては、意見がわかれるところです。インテリジェンスの観点から見れば、特攻隊は十分合理的に説明できます。インテリジェンスとは現在持っているカードのうち、何をどう用いれば最大の成果をあげることができるかと考えます。その意味で、一九四五年時点で日本が持っていた人材と兵器で米軍に対抗するためには特攻という手段は合理的でした。

他方、別の切り口からインテリジェンス的考察をすると、特攻は非合理的です。物量の比較からいって一九四五年時点で日本が米国の攻撃を食い止めることは不可能でした。例えば、陸軍中野学校は一九四三年の時点で、日本が米国に占領されることを想定し、占領下の傀儡政府に人材を送り込んだり、山岳地帯でゲリラ戦争を展開する準備をしていました。戦争に敗北しても日本国家と日本人が生き残ることを考えることも国家指導部の重要な任務です。そのためには、特攻で将来日本のエリート層となる青年（特攻機であれ人間魚雷であれ、中等以上の教育［現在の日本の感覚ならば大学卒以上］を受けた人でないと操縦技術を習得できない）を多く失なうような作戦は、中長期的に見て、国家にとってマイナスだからです。

いずれにせよ、特攻攻撃は生命至上主義、個人主義を超克しなくてはできません。その意味で、特攻隊は近代を実践において超克したのです。同志社大学神学部の先輩である財津正彌先生の『少年兵の青春記録　生きるも死ぬも』（ミルトス、二〇〇九年）を読むと、Q君にも私がここで言ったことの意味を追体験することができます。

原発との闘い

福島第一原発を巡る状況は、日本人に近代の超克の問題を突きつけています。日本のマスメディアでリベラル派の代表が朝日新聞です。その朝日新聞が三月十八日朝刊で次の社説を掲載しています。

〈原発との闘い――最前線の挑戦を信じる
福島第一原子力発電所に、自衛隊員が操縦するヘリコプターが何度も、水をまいた。地上からは警視庁の機動隊員と自衛隊員が放水を試みた。

原発のまわりは、漏れ出た放射性物質でひどく汚染されている。いずれも重い防護服に身を包み、被曝量を測りながらの、決死の作業だ。

きのう朝から夜にかけて、原発の冷却に向けての作業を、多くの国民がかたずをのんで見守った。

東京電力や協力会社の作業員、消防隊も、地震の発生以来、不眠不休で経験のない災厄に挑んできた。津波やこれまでの爆発で、行方不明やけがをした人もいる。さらに、第一原発の制御を取り戻すため、多くの作業員が電源の復旧作業に取り組んでいる。

事態が少しでも好転してほしい。

そして、まさしく生命をかけてこの難局に立ち向かう人びとの被害が、最小限に抑えられるように――。

努力が結実することを願う。

ひとたび重大な原発事故が起きたとき、だれが、危険をおかして作業にあたるのか。これまで突っ込んだ議論を避けてきた私たちの社会は、いま、この重い課題に直面している。

軍国主義時代の日本や独裁国家ではない。一人ひとりの生命がかけがえがなく、いとおしい。そこに順位や優劣をつけることはできない。

一方で、誰もが立ち向かえる仕事ではない。電気をつくり、供給することを業務とし、専門の知識と技術をもつ人。一定の装備をもち、「事に臨んでは危険を顧みず」と宣誓して入隊する自衛官。同じく公共の安全の維持を責務とする警察官。

もちろん自衛隊や警察にとっては、およそ想定していなかった仕事だ。しかし、事態がここまで進んだいま、私たちは、そうした人たちの使命感と能力を信じ、期待するしかない。

危険な作業はこれから長く続く。この先も、苦渋の選択が求められる場面が何度もあるだろう。

その判断をし、指揮・命令する立場にある人は、適切な情報に基づいた確たる覚悟が求められる。最終責任を負う政治家も同様である。

多くの知恵を結集して様々な場合を想定し、三重四重の対応策を考え、物資を調達し、決断する。

ここを誤り、右往左往し、あるいは責任を転嫁するような振る舞いをすれば、作業にあたる人やその家族はもちろん、国民は何も信じられなくなる。

私たちは、最前線でこの災禍と闘う人たちに心から感謝しつつ、物心の両面でその活動を支え続けなければならない。

電気を使い、快適な生活を享受してきた者として、そしてこの社会をともに築き、担ってきた者として、連帯の心を結び合いたい。〉

生命至上主義の惰性から抜け出す

この社説を私はとても高く評価します。その論旨が生命至上主義と個人主義を超克しているからです。三月十六日のビデオメッセージで、天皇陛下は「自衛隊、警察、消防、海上保安庁を始めとする国や地方自治体の人々」と自衛隊、警察、消防、海上保安庁という四職種の名を具体的におあげになられました。そのことで、この四職種の人々は、日本国家と日本国民のために無限責任を負っているという自覚を強めたと思います。三月十七日に福島第一原発で自衛隊員、警察官は、生命至上主義、個人主義を実践において超克したのです。また、生命の危険を顧みずに福島第一原発で被害の拡大阻止に向けて尽力している東京電力や関連企業の原子力専門家たちも実践において近代を超克しているのです。

Q君、日本のプロテスタント教会は惰性から抜け出す必要があります。「国のために命を捨てるという発想は間違っている」というステレオタイプの言説から抜け出し、キリスト教と国家の関係について存在論的に思考する必要があります。神学部にはユダヤ人の先生が何人かいると思います。是非この問題について議論してみてください。

（二〇一一年三月十八日脱稿）

12話　福島第一原発事故に関するあるイスラエル人との会話

三月十一日の東日本大震災は、日本人にとってのまさにクライシスです。英語のクライシス（crisis）とは、本来、峠とか分岐点という意味です。多くの日本人はそれほど強く自覚していないのですが、現在、われわれは内側から変化しています。特にここで重要なのが福島第一原子力発電所事故です。五月中旬、私のところにモスクワから興味深い情報が寄せられました。結論から先に述べますが、福島第一原発事故をロシアは自国の国益を増進するために最大限に活用しようとしています。

モスクワから原発分析メモ

〈二〇一一年五月××日にモスクワから届いた福島第一原発事故に関する分析メモ

1．福島原発事故から一カ月半が経過した今もこの問題はロシアで広く議論されている。ロシア政府高官たちは日本当局と東京電力の対応を批判することなく慎重な発言をしているが、一方で多くの専門家たちは日本政府と東電の対応を厳しく批判している。
2．批判の一点は、統合司令部の欠如だ。福島では、チェルノブイリのような、政府当局、東電、地方自治体、自衛隊、原子力専門家による統合司令部が作られなかった。チェルノブイリでは副首相が司令部の本部長となり、本部長がレスキュー・オペレーション全般の責任をとり、レスキュー作業と地元住民避難計画に参加する全ての人間に命令を与えることができた。
3．福島第一原発事故は人災だと多くのロシア人専門家が指摘している。ロシアの専門家は地震も津波も直接の原因とは全く考えていない。津波は福島第二原発をも襲ったが、そこで問題は発生していない。福島第一で問題が起きたのは、サポート設備の不備、事故発生当初の不適切な対応、そして、実情の隠蔽が原因だった。東電はベストを尽くそうとしたかもしれないが、その対応は混乱し鈍かった。専門家たちによれば、事故発生当初の対応には次のようなミスがあった。
（1）第一に、原子炉内圧力が上昇すると発電所のオペレーターたちは避難し、彼らは事態が悪化する中、二日間、何もすることなく、電力復旧作業を始めたのは既に手遅れの状況となっていた三月十四日になってからだった。
（2）第二に、東電は最悪のシナリオ時に発電所のインフラ破壊を防ぐための何のプランも持っていなかった。緊急事態対応策の中には国家緊急隊、あるいは自衛隊への連絡も含まれていなかった。緊急時に原子力を担当する省などの当局者と地方知事に連絡する唯一の方法はファックスだけで、ファックス受信の確認を例外として電話をすることさえ許されていなかった。
（3）第三に、事故処理〝部隊〟の人数があまりにも少なかった。四月初旬、その数は数百で、ロシアの専門家によれば、被爆量の制限の観点からも、経験と情報の共有の観点からも、これは全く不十分な数だった。
（4）第四に、チェルノブイリでは住民の安全のため地域住民を強制退去させた。そのため当局は厳しく、時には軍の協力を得て作戦を実行した。それしか住民を救う手段がなかったからだ。しかし、日本では危険地域から住民に避難勧告をするだけだった。
さらにモスクワの専門家によれば、日本が提供する福島の状況に関する情報は全く信頼できないものだった。実際、ロシア専門家によれば、四月上旬、国際原子力機関（IAEA）委員会の日本代表は現状について信頼できる情報の提供を拒んだという。その日本を、福島と同型の原発を持っているアメリカは支持したという。
4．多くのロシア人専門家たちは、日本当局は事故対応のためのプランを何も持っていなかったと強調している。対応は全て場当たりに見え、得策とも思えないものも含まれていた。ロシア専門家の意見では、「日本当局者はチェルノブイリ事故から何の教訓も得ようとしなかった」。福島原発はアメリカのプロジェクトに従って四十年ほど前に建てられたもので、地震国・日本に適するものではなく、津波対策も不十分だった。「その決定要因は経済性であり、安全性ではなかった」と専門家たちは信じている。

5．最も批判されている点は、使用済みの核燃料が発電所の外の特別貯蔵庫に搬出されることなく同じ建物内のタンクに入れられていたことだ。ほとんどのロシア人専門家はこの事実に驚いている。福島第一の三十年間の運転で蓄積された全ての使用済み核燃料が発電所内に貯蔵されていた。専門家によればこれは原子力爆弾四十個を作る量となる。この使用済み核燃料が環境と接触すれば、水、土壌、大気はすぐにストロンチウム、ウラニウム、プルトニウムで汚染されてしまう。国際的慣例では、使用済み核燃料は核燃料供給者がすべて活用処理することになっている。福島の燃料供給者はアメリカ人だが、彼らは何らかの理由でこれらの使用済み燃料を原発運転全ての期間にわたり何も活用処理をしてこなかった。

6．損壊した発電ユニットに対する安全措置についても疑問の声が投げかけられている。日本当局者は損壊した発電ユニットを特別な素材でできたフードで覆うことを計画している。フードはすぐに熱で壊されるのでこれは無駄だとロシア人専門家たちは強く指摘している。彼らの意見では、これはおそらく国民を安心させることのみを目的としている。このフードは汚染された塵の拡散を防ぐものだろうが、さらに危険なのは汚染された水が土壌と海に漏れ出していることだ。当局は汚染水を特別な舟で集める計画だが、その後この舟はどこに行くのか？　そして集めた水をどうするのか？

7．ロシアでは今でもチェルノブイリは人災の代名詞だが、この一九八六年の事故と福島の比較は避けられない。しかし、二つの事故の環境汚染・人的被害の大小について意見はロシアでも分かれている。ほとんどの専門家は福島は第二のチェルノブイリではないと考えている。福島第一原発では燃料の露出もなければ（引用者註・五月十五日東京電力は第一号機が三月十二日朝にはメルトダウンしていたことを明らかにした）原子炉の爆発もない。

8．他方、福島第一原発の影響はチェルノブイリよりも大きいと主張する専門家たちもいる。チェルノブイリでは原子炉が爆発し黒鉛が燃えた。しかし、損壊した原子炉は一つだけだった。日本では三つの原子炉と四つの使用済み核燃料プールが損壊している。放射線放出はチェルノブイリの二十倍だ。そしてこの放出は一カ月以上続いている。

9．福島第一原発事故の結果、国際社会は原子力発電について統一した安全基準を作る必要があるというのがロシア人専門家の一致した意見だ。〉

情報の評価

ロシア人が作成したこの文書を読んでQ君はどのような印象を持ちましたか？　新聞の解説記事よりも踏み込んだ内容であることは、学生であるQ君も感じることと思います。しかし、この文書がどれくらい重要なものであるかは、よくわからないと思います。外交やインテリジェンスの世界における情報の扱いについて知っておくとQ君にも問題の所在がよくわかるようになると思います。

五月四日に朝日新聞朝刊が、ウィキリークス（WL）から提供された約七千本の米国国務省の公電（政府機関が公務で用いる電報）をもとに、特集記事を掲載しました。

この日の特集では普天間問題が扱われました。さらに五月十日の朝日新聞朝刊は、第二弾として米国国務省公電から読み解いた日露関係の特集を掲載しました。菅直人首相、枝野幸男官房長官は、ＷＬ関連の報道に関してはノーコメントを通しています。これに対して松本剛明外相は、五月六日の記者会見において、少しニュアンスが異なる反応をしています。

松本外相のインタビュー

〈【朝日新聞　大島記者】ウィキリークスが公表した米国政府の公文書の中に、米国の海兵隊のグアム移転について、米側が実際よりも移転費用を水増しして、日本側も後にそれを追認していたという内容の文書があるのですが、これについて事実関係の確認と何かコメントがあればお願いしたいのですが。

【大臣】たいへん面白く朝日新聞を飛行機の中で読みました。

【朝日新聞　大島記者】もう一つ関連ですが、同じように今回の公文書の中に、民主党政権発足当時の外交基本方針について、現在インド大使をされている斎木大使が要するに「民主党政権というのは、官僚を押さえて米国にチャレンジしようというイメージを作ろうとしていて、そうしたことについては愚か」、元の文書では「stupid」という言葉を使っているのですが、これについては何かございますか。

【大臣】同じ言葉になります。ちょうど帰りの飛行機の中でしたから、全部読みました。

【朝日新聞　大島記者】外務省としては、一切この件についてはコメントしないということですか。

【大臣】面白く読みました。

【毎日新聞　犬飼記者】今の面白いの中身に入るかもしれませんけれども、こういう形で外交上のやりとりが出るということについては、どういうように率直に思われますか。

【大臣】一般的に申し上げれば、やはり外交上のやりとりというのは、ビジネスでもそうだと思いますけれども、交渉中のやりとりというのをお互いにどの段階でどのように出していくのかというのは、交渉を成功させる意味で出すことのプラスマイナスというのは、双方にとって両方にプラスマイナスがそろう場合もあれば、双方にとって逆の場合もあると思いますので、そうであればこそ外交文書も、しかし我々も政府ですから、国民に伝えなければいけないということで、年限を区切って、一定の時期が経ったら公開をしようという制度が世界的にも定着をしつつあるし、我が国でもそういう制度をこの政権でもしっかり定着をさせていこうとしているわけでありますけれども、その場合でも、出す出さない、出せる出せない、その事案が今、継続しているしていないなども含めてありますから、そういう意味では、不正な方法で外交上の秘密とそういう文書が公開をされるということは、やはり遺憾だと申し上げたいと思います。

【毎日新聞　犬飼記者】本日午後、それに関連しまして、自民党の外交部会がありまして、外務官僚の方も出て説明されたみたいですが、この文書の中に、報道の中にもありますけれども、自民党政権時代に沖縄県外に対して密約まがいの話があったと。それについて自民党としては、当時の中曽根外務大臣とか、あるいは林芳正防衛大臣とかに対して調査をするということを一応外交部会で表明したみたいですけれども、民主党政権として、自民党時代の話が出ているということについてどう思うかということと、あと、先ほど外務官僚の方の名前も出ていますが、それについて調査はされないのかということについてお伺いしたいと思います。

【大臣】これについては、コメントも確認もする予定はありません。一般的に申し上げれば、民主主義国家でありますから、おのずと政治と行政、官僚の立場というのは決まっているわけでありまして、私どもはしっかりそれをわきまえてやっていただけるものと思っておりますし、やっていただいていると思っています。〉（外務省ＨＰ）

外務官僚が松本外相に「ＷＬに関する朝日新聞の報道に関してはノーコメントで通してください」と進言しているにもかかわらず、松本外相は外務官僚の方針と正面から衝突することにはならないが、朝日新聞の報道自体は国民の「知る権利」に答える有益なものであるというニュアンスを強く出すために「たいへん面白く朝日新聞を飛行機の中で読みました」「面白く読みました」という受け答えをしているのです。

ＷＬが暴露したのは秘（confidential）、極秘（secret）の指定がされた公電です。モスクワから私のところに流れてきた情報は、ジャーナリストや評論家が自分の考えをまとめた作成した文書ではありません。情報を扱うロシアの政府機関が関与して作成した外交の世界では極秘にあたる文書と私は見ています。

協力諜報の結論

この文書を入手してから数日後、イスラエルからインテリジェンスの世界に通暁した友人が訪日したので、ゆっくり話をしました。友人は笑いながら、「ロシア側は日本外務省にも同じようなメッセージを流したのだけれど、反応がないので佐藤さんに流したのだね」と言っていました。そのあといろいろやりとりしたのですが、二人でこんな結論に達しました。

「中東情勢の悪化で、原油価格が上昇している。原油価格の上昇にともなって天然ガスの値段も上っている。この状況で裨益しているのはサウジアラビアとロシアだ。この傾向は短期的現象でなく五〜十年の中期的傾向とロシアは判断しているのだろう。三月十五日にロシアのプーチン大統領が電力における原子力発電の比率を一六パーセントから二五パーセントに引き上げるというエネルギー構想を発表したが、これは国内で原子力発電の比率を増やすことにより、輸出に回す石油や天然ガスを増やし、国富を増大させるというロシアの国家戦略だ。しかも原発プラントは、ロシアにとって重要な輸出商品でもある。従って、原発自体は安全だが、日本人のマネージメントがよくないので福島第一原発事故が起きたという人災論がロシアの国益に適うのである」

こういうふうにインテリジェンスの訓練を受けた人たちが、協力して情報を読み解くことを業界用語ではコリント（collint = collective intelligence［協力諜報］）と言います。イスラエルは、日本と基本的価値観を共有し、また直接対立する懸案事項がありません。それだからコリントを行なうことができるのです。

さらに私たちは、このロシアが人災論を徹底的に展開することはできないという点について議論しましたが、以下の結論に至りました。

「主要国は原子力発電を継続したいという意思をもっている。日本の原発事故が人災であるという要素を強調することは、ある段階までは、『原発は安全だが、日本人のマネージメントが悪い』という理屈で、原発保全に資する議論になる。しかし、度を越すと、『ドイツ人以上に几帳面な日本人ですら、天災に直面するとこんな大事故を引き起こしたのだから、そもそも原発は危ない』という話になるので、主要国の国益に反する。『想定外の災害に直面したときの原発の安全性について国際協力を進めよう』というようなイニシアチブを日本から出せば、日本が原子力犯罪国家として被告人席に座らせられるというようなシナリオからは逃れることができると思う」

日本の一部にある極端な親アラブ、親イラン的な傾向の人々のイスラエルに対する忌避反応が、日本・イスラエル間のコリントの可能性を狭めています。東日本大震災後、帝国主義的な国際環境で日本が生き残っていくためにもイスラエルとの戦略的提携関係をもっと強化することがわが国益に適うと私は考えます。

（二〇一一年五月十七日脱稿）

13話　F35問題をめぐる武器輸出三原則の解釈がイスラエルに与える影響

　Z君、勉強は、順調に進んでいますか。私は企業の人事担当者と話をすることがときどきあります。最近の大学生は、自己アピールが上手になっていて、ボランティア活動やアルバイトなどで、自分がいかに評価され、社会的貢献をしたかという話をするということです。しかし、この人事担当者は、「大学は勉強する場なので、本業である学問よりも課外活動を重視するような価値観の学生については、マイナス評価をする」と言っていました。まっとうな反応と思います。

大学に学ぶ意義

　Z君も御存知のように近代的な学問は、ヨーロッパで発展しました。ヨーロッパの総合大学（ユニバーシティ）には、たいていの場合、神学部があります。目に見えない神について扱う、社会的実用性と直接つながらない学問を研究、教育する場があってはじめて人間は総合知を得ることができると考えるので、現在も神学部が存在するのです。キリスト教だけでなく、ユダヤ教、仏教、神道、イスラム、ヒンドゥー教などでも、目に見えないが確実に存在する価値をたいせつにします。愛、慈悲、信頼、慈しみ、希望、共感などといった価値はどの宗教にとっても重要です。Z君は神学を学んでいるので、目に見えない価値については恵まれた環境で教育を受けていることになります。この機会を最大限に活用して欲しいのです。

社会に出て、職業に就く準備をすることは、大学における重要な機能の一つです。しかし、大学は就職予備校ではありません。また、大学のゼミや授業、サークル活動を通じて、あるいは学外のボランティア活動やアルバイトを通じて友だちをつくることも重要です。大学時代に、一人でも二人でもよいので、生涯にわたる友だちがいると、その後の人生が豊かになります。ただし、大学は「仲良しクラブ」ではありません。人生で私たちはさまざまな試練に直面します。その試練を切り抜けるために必要な知恵をつけるためにかけがえのない場が大学です。人生の試練を合理的対応だけで切り抜けることはできません。

私も十一年前（もうあれから十年以上が経ったのです。時の流れは速いものです）、二〇〇二年に、当時の政界と外務省を巻き込んだ大きなトラブルに巻き込まれ、獄中生活を送ったときにも、弁護士に頼んで差し入れてもらった『聖書』の「ヨブ記」を読んで、新しい知恵と力が湧いてきました。このことについては、機会を改めてZ君に詳しく話そうと思います。

私の取捨選択の基準

Ｚ君に知って欲しいのは、人間が死を免れることができない存在だという現実です。人間の命に限りがあります。人生の持ち時間は無限でないので、その制約の中で、私たちは、何かを選び、何かを捨てなくてはなりません。この取捨選択の基準によって、人生が大きく異なってきます。私が、この連載で、国際政治の問題について取り上げるときも、明確な取捨選択の規準があります。それは、知的好奇心や世間で大きなニュースになっているという規準ではなく、イスラエルと直接的もしくは間接的に関わり、かつ日本国家と日本人の生き残りについて重要な問題を取り上げ、それに対する私の見方を伝えることです。

産経新聞のスクープ報道から

今回は、武器輸出三原則とＦ35の問題について取り上げます。一三年二月初頭、政府は、米国などと共同生産する自衛隊の次期主力戦闘機（ＦＸ）として導入する最新鋭ステルス戦闘機Ｆ35に関し、日本国内で製造した部品の輸出を、武器輸出三原則の例外措置として認める方針を固めました。

本件は、日米同盟に深刻な影響を与えうる問題なので、水面下で秘密裏に調整が進められていましたが、一月二十九日の産経新聞が一面で日米同盟に深刻な影響を与える問題について以下のスクープを報じたので表面化しました。

〈航空自衛隊の次期主力戦闘機（ＦＸ）として導入する最新鋭ステルス戦闘機Ｆ35Ａライトニング２への日本製部品の提供をめぐる問題が、日米両政府の懸案として浮上していることが二十八日、分かった。両政府は日本国内に部品製造と修理の拠点を設ける方向で協議中だが、日本政府内で、国内で製造・修理する部品をイスラエルに提供することが「武器輸出三原則」に抵触するとの意見が出されているためだ。来月の日米首脳会談でも厳しい議論になるとみられる。〉

日本外務省の一部幹部は、イスラエルに対する偏見を持っています。その偏見が日米同盟に与える否定的影響を、当初、首相官邸は明らかに過小評価していました。もっと率直に言えば、まったく問題意識を持っていなかったのだと思います。いったい外務省はどのような理屈で、イスラエルとの共同開発に異議を唱えていたのでしょうか。前出の産経新聞が外務官僚の論理をわかりやすくまとめています。

〈武器輸出三原則に抵触するとの指摘は、イスラエルがＦ35を購入する契約を締結していることによる。イスラエルはイスラム原理主義組織ハマスと停戦中だが、戦闘が再開される恐れがあるほか、核開発を進めるイランを攻撃する可能性も指摘される。

三原則では「国際紛争の当事国かその恐れのある国」への輸出を禁じている。政府は二十三年十二月、三原則を緩和し、米国以外の国と装備品を共同開発・生産できるようにしたが、「国際紛争の助長回避」の原則は維持している。

このため外務省内で「イスラエルへの部品提供は控えるべきだ」との慎重論が出ている。〉

テロとの闘いに非協力でよいか

これはまったく頓珍漢な議論です。テロとの闘いは、日本国家の基本方針のはずです。そもそも、「国際紛争の当事国かその恐れのある国」への武器輸出を禁じるという方針を厳格に貫くならば、多くの国際紛争の当事国となっている米国への装備品の輸出は一切出来なくなってしまいます。前出の産経新聞は、〈米側も日本政府内の意見対立を把握。日本がイスラエルを部品提供国から除外するのであれば「部品製造・修理拠点」を韓国に置くことを検討しているという。そうなれば防衛関連企業への打撃は深刻で、機体価格のさらなる高騰を招きかねない。〉と懸念を表明します。

問題はF35の価格高騰にとどまりません。日本がイスラエルとの防衛協力に消極的であるという事実が、米国内のユダヤロビーにも少なからぬ影響を与えます。現在、慰安婦問題を韓国政府、韓国の民間団体、さらに米国内の韓国ロビーが連携して、大きな騒動にしようとしています。韓国は慰安婦問題を第二次世界大戦中のナチスドイツによるユダヤ人女性に対する人権侵害と同等の問題であるという「政策広報」（宣伝）を米国内で強めています。そして、韓国側は、米国のユダヤロビーを反日戦線に巻き込もうとしています。

パレスチナのハマスやイラン、さらにイランに支援されたレバノンのヒズボラのイスラエルに対するテロ活動を阻止することは、米国のユダヤロビーにとって重要な課題です。F35問題で日本がイスラエルを部品提供国から除外するという対応をとれば、日本政府がどのような弁解をしようとも、テロとの闘いに関してイスラエルと距離を置く姿勢を示したことと受け止められます。慰安婦問題で人権に関し、F35問題でテロとの闘いに関し、日本は米国やイスラエルとは別の価値観も持った国であるという認識が強まります。当然のことながら、このような状況は日米同盟の深化に逆行する動きです。

産経新聞の報道は、インテリジェンス関係者に強い衝撃を与えました。しかし、外務省は事態の深刻さを十分理解していませんでした。外務省北米局幹部は、「防衛庁が産経新聞にリークしたのか」と激高していたそうですが、事実は異なります。この情報は、国際インテリジェンス・コミュニティーで、一月中旬には大きな話題になっていました。筆者のもとにも「F35で日本が反イスラエル的立場を取ると、慰安婦問題に影響がある。インテリジェンス分析をきちんと行なった方がいい」という助言が、外国のインテリジェンス専門家から寄せられました。

日本政府は、三月二日に武器輸出三原則のF35への例外適用に関する官房長官談話を発表することで、問題をとりあえず軟着陸させました。日本とイスラエルの将来に非常に重要な談話なので、全文を正確に引用しておきます。

官房長官談話

〈F35国内製造部品の武器輸出三原則の例外化に関する官房長官談話

1　航空自衛隊の現用戦闘機の減耗を補充し、その近代化を図るための次期戦闘機については、二〇一一年十二月二十日の安全保障会議において、十二年度以降、F35A　四十二機を取得すること、一部の完成機輸入を除き、国内企業が製造に参画すること等を決定し、同日の閣議において了解された。F35は、米国等の九カ国によって開発中の最新鋭の戦闘機であり、その計画的な取得は我が国の防衛上不可欠である。政府としては、この安全保障会議決定及び閣議了解に基づき、十三年度以降は、F35の機体及び部品（以下「部品等」という）の製造（整備を含む。以下同じ）への国内企業の参画を行なった上で、F35Aを取得することとしている。F35の部品等の製造への国内企業の参画は、戦闘機の運用・整備基盤を国内に維持する上で不可欠であり、また、我が国の防衛生産及び技術基盤の維持・育成・高度化に資することから、我が国の防衛に大きく寄与するものである。さらに、部品等の世界的な供給の安定化は米国等に資するほか、国内に設置される整備基盤により米軍に対する支援も可能となるため、日米安全保障体制の効果的な運用にも寄与するものである。

2　F35については、従来我が国が取得した戦闘機と異なり、全てのF35ユーザー国が世界規模で部品等を融通し合う国際的な後方支援システム（ALGS〈Autonomic Logistics Global Sustainment〉という新たな方式。以下「本システム」という）が採用されている。本システムに参加することにより、必要なときに速やかに部品等の供給を受け、迅速な整備が可能となることから、我が国としてもより適切なコストでＦ35Ａの可動率を維持・向上するため、本システムへの参加が必要である。本システムに参加する場合には、国内企業が製造若しくは保管を行なう部品等または国内企業が提供するＦ35に係る役務が我が国から我が国以外のＦ35ユーザー国に提供されることが想定されるが、本システムでは、米国政府の一元的な管理の下、Ｆ35ユーザー国以外への移転が厳しく制限されている。

３　政府は、これまで、武器等の輸出については武器輸出三原則等によって慎重に対処してきたところであるが、上記のとおり、国内企業の参画は我が国の安全保障に大きく資することに鑑み、本システムの下、国内企業が製造若しくは保管を行なうＦ35の部品等または国内企業が提供するＦ35に係る役務の提供については、米国政府の一元的な管理の下で、Ｆ35ユーザー国以外への移転を厳しく制限すること、及び移転は国連憲章の目的と原則に従うＦ35ユーザー国に対するもののみに限定されること等により厳格な管理が行なわれることを前提として、武器輸出三原則等によらないこととする。

なお、政府としては、国連憲章を遵守するとの平和国家としての基本理念は維持していく考えである。〉（三月二日、朝日新聞デジタル）

日本の対イスラエル外交の改善へ

この談話にイスラエルという言葉は一言も出ていません。しかし、日本政府の対イスラエル外交を抜本的に改善する内容を含んでいます。米国にとってイスラエルが最重要同盟国であることに鑑みれば、F35以外でも日米が共同開発した最新鋭兵器がイスラエルに輸出される可能性はかなり高いです。イスラエルへの輸出が「国際紛争の助長」にあたるという、実態から乖離した見解を繰り返し表明していると日本の国際的信用が毀損されます。官房長官談話では、テロとの戦いで日本はイスラエルと米国の側に立つことを鮮明に打ち出しました。私はこの政治決断を歓迎します。

しかし、F35問題での外務省の動揺が、イスラエルと米国のユダヤロビーの対日不信感を強めてしまいました。しかし、この現状が日本のマスメディアからは、なかなか伝わってきません。韓国は、慰安婦問題で米国のユダヤロビーを味方にすることを考え、ロビー活動を強化しています。特に六月、北アイルランド（英国）で行なわれる主要国首脳会議（G8サミット）のテーマの一つとして「戦場における女性」に関する議論がなされます。韓国は、この機会に対日包囲網を構築しようとしています。F35問題で、露呈してしまった外務省の一部幹部に根強く残る反イスラエル感情が、慰安婦問題に飛び火しつつあるのです。この悪影響を極小化するロビー活動を外務省は米国内において精力的に展開すべきと思います。

（二〇一三年三月十九日脱稿）

14話　国家安全保障会議（日本版ＮＳＣ）とイスラエル・ハイテク産業

Ｚ君、元気にしていますか。新聞を読んでいても、現在、日本でどのような構造転換が起きているかがよくわかりません。二〇一三年十月二十九日、国会で国家安全保障会議（日本版ＮＳＣ）設置法案の審議が始まりました。十一月七日、同法案は衆議院本会議で採択され、本稿を執筆している十一月十九日現在、参議院で審議されています。政府は同法成立後、来年一月の日本版ＮＳＣの発足を目指しています。

日本版ＮＳＣに関する有識者の発言、新聞の論調はピントがずれているように私には思えるのです。例えば十月二十九日付『朝日新聞』朝刊の社説は、〈軍事偏重の向きはないか。むろん侵略やテロへの備えは必要だが、それだけが安全保障ではあるまい。エネルギー問題や金融不安、食糧、災害、感染症といった多様な危機にあたっては、軍事、外交、経済などさまざまな角度から検討されなければならない。／軍事の司令塔のようになってしまっては、現代の複合的な危機には対処できない。〉と主張しています。

ここでは、危機管理と国家安全保障の問題が区別されずに論じられています。地震、台風などの天災地変、伝染病対策、国内における大規模騒擾に対する対応などの危機管理をめぐる事柄については、内閣府、警察庁、厚生労働省、国土交通省などの旧内務省系の省府が対応します。日本版ＮＳＣは危機管理に対応するために設けられる機関ではありません。また、インテリジェンス（諜報）の手法を用いた対外情報の収集も、日本版ＮＳＣの管轄事項ではありません。これは、日本版ＮＳＣとは別の指揮命令系統での独立した対外インテリジェンス機関を設置することになるでしょう。

日本版ＮＳＣとは

それでは、日本版ＮＳＣとは何をする機関なのでしょうか。端的に言えば、「日本が戦争を行なうか否かについての国家意思を決定する機関」です。大日本帝国憲法下で「統帥権」と呼ばれた事柄に従事するのが、日本版ＮＳＣです。旧陸軍に、ごく一部の陸軍大学校卒のエリート将校だけに伝授された「統帥綱領」（一九二八年制定）「統帥参考」（一九三二年制定）という軍事機密文書がありました。

〈「統帥綱領」は、国防用兵の府であった参謀本部が、その策定した作戦計画の完全遂行を期するための指導教典として、関係省庁及び兵団に示した国軍統帥の大綱であり、わが国独特の統帥理論を体系づけた戦略の原則書である。従って、わが国古来の伝統、国民性、国力並びに戦力等を基礎とし、将来戦の様相を考察して書かれたものであり、その取り扱いは、軍最高の機密に属し、特定の将校にだけ閲覧を許された文字通り門外不出の書であった。／「統帥参考」は、陸軍大学校における学生に対する統帥教育の資料として、兵学に蘊蓄の深い教官多数の研鑽討議により出来た大冊である。その内容は、古今東西の著名な戦史を観察して、その中に戦略の粋をたずね、統帥の本義を求めてその妙諦を究めようとしたものである。〉（『統帥綱領・統帥参考』偕行社、一九六二年、「まえがき」）

特定秘密保護法の役割

この資料を読むと、日本版ＮＳＣの本質がわかります。「統帥参考」は統帥権についてこう規定されています。

〈帝国の軍隊は皇軍にしてその統帥指揮はことごとく統帥権の直接又は間接の発動に基き、天皇の御親裁により実行しあるいはその御委任の範囲内において各統帥機関の裁量により実行せしめらるるものとす。〉（前掲書、一頁。引用に際して旧漢字は新漢字に、片仮名は平仮名に、また一部漢字を平仮名にした）

この統帥権を発動させるのが日本版ＮＳＣです。ここで注目されるのは、国家の意思決定において情報が二次的な意味を持つに過ぎないことです。

大日本帝国憲法下で、統帥権は法律の縛りを極力逃れようとしました。この論理も「統帥参考」で展開されています。

〈政治は法により統帥は意志による一般国務上の大権作用は一般の国民を対象としその生命、財産、自由の確保を目的としその行使は『法』に準拠するを要すといえども統帥権は『陸海軍』という特定の国民を対象とし最高唯一の意志によりて直接に人間の自由を拘束しかつその最後のものたる生命を要求するのみならず国家非常の場合においては主権を擁護確立するものなり〉（前掲書、三頁）

統帥権が及ぶのは、軍人という一部の国民に対してです。それだから、軍人には特別のルールが適用されるというのが論理的帰結になります。もっとも刑法では共謀が罪に問えるので、軍人に対する特別のルールがそれ以外の国民に適用されることもあります。

現代の統帥機関である日本版ＮＳＣが設けられれば、その指揮監督下にある一部の国民に対しては、特別のルールが適用されます。これが特定秘密保護法の本質です。特定秘密法が治安維持法に該当するという批判は、頓珍漢です。

治安維持法は、國體を破壊する団体（当初は共産党のみを対象としたが、その後、社会民主主義的な政治団体、宗教団体にも拡大）に対する規制を目的とするものでした。

特定秘密保護法はこのような治安立法ではありません。日本版ＮＳＣという統帥機関の創設に伴って、戦争の準備、遂行のために必要な秘密を保全するために必要とされる法律です。大日本帝国憲法下の国防に関連する軍事技術面の秘密保全を定めた軍機保護法（一九三七年に大幅改正）、国防に関連する政治面の秘密保全を定めた国防保安法（一九四一年）に相当する法律です。

日本とイスラエルの協力――朝日新聞の後押し記事

日本版ＮＳＣが創設されると、日本とイスラエルの防衛産業面の協力が飛躍的に進むことになります。この点で、十一月十日、『朝日新聞デジタル』に掲載された、以下の記事が興味深いです。

〈米ＩＴ企業、イスラエルに熱視線　グーグル、ＦＢ…
【ニューヨーク＝畑中徹】米国のＩＴ企業がイスラエルのベンチャー企業を買収する動きを強めている。同国は隠れた「技術立国」。「第二のシリコンバレー」を取り込もうと、米国だけでなく、韓国や中国の企業もイスラエル投資に熱を入れ始めている。

■合併・買収で先端技術の開発拠点に
世界のハイテク産業の中心は、米西海岸のカリフォルニア州サンノゼ市周辺の「シリコンバレー」だ。そのシリコンバレー企業が、いま熱視線を送るのは、イスラエルのベンチャー企業たち。米ＩＴ企業が、企業合併・買収（Ｍ＆Ａ）を次々と仕掛けている。

世界最大の交流サイトを運営するフェイスブックは十月中旬、イスラエルの「オナボ社」を買収した。二〇一〇年創業で、スマートフォン（スマホ）やタブレット端末向けのデータを管理したり圧縮したりする特殊技術に強い。この技術は、インターネット環境が悪い新興・途上国でも、フェイスブックのサービスを広める足がかりになるという。

検索最大手グーグルは、スマホ向け地図情報に強い「ウェイズ社」を、六月に一〇億ドル（約九九〇億円）の高額で買収した。世界中に五千万人ほどいるアプリの利用者が投稿した渋滞など交通情報を集め、提供するサービスで知られる。ウェイズの技術を取り込み、地図の提供サービスをさらに充実させる狙いだ。

アップルやＩＢＭなどもイスラエルの新興企業を買収する動きを強めている。

マイクロソフトはイスラエルに研究開発の拠点を構えている。地元の優秀な技術者らを採用し、技術革新につなげる思惑だ。

半導体世界最大手インテルは創業後まもない一九七〇年代に、研究開発センターを置いた。歴代の高性能な半導体開発で、イスラエルのチームが重要な役割を果たした。

３Ｄプリンターの分野で世界シェア首位の「ストラタシス」は、米国とイスラエルの企業が昨年合併し、誕生。いまも両国に本社が置かれている。

米調査会社のディーロジックによると、米企業による二〇一二年のイスラエル企業の買収総額は、一一年の三倍以上となる三一億ドル（約三〇七〇億円）まで増えた。そのうち六割超の二〇億ドル（約一九八〇億円）はハイテク企業の買収だった。

イスラエル企業に投資する動きが急拡大しているのは、最近世の中に広がっている技術に、イスラエル企業が開発したものが多いからだ。

スマホを専用のマットに置くだけで充電ができる機器は、イスラエル企業「パワーマット」のアイデアだ。米企業が販売契約を結び、世界じゅうで売られるようになった。

マイクロソフトの家庭用ゲーム機「Ｘｂｏｘ」は、身ぶり手ぶりで機器を動かす「キネクト」という独自技術でヒットした。搭載されている特殊なカメラ技術は、イスラエルの新興企業が開発したものだ。

乗用車が自動で追突を防ぐ「ぶつからない車」は、日本でも急速に広がっている。そこに使われている車載カメラシステムの技術も、イスラエル発だ。カプセル型内視鏡では、イスラエル企業の製品が世界シェアで九割を占めるという。

最近は、３Ｄプリンター技術で先行するほか、電気自動車などの新しい技術の分野で、イスラエル企業がからんでいることが多い。

■軍から人材、研究費も充実

なぜイスラエルは、そこまで先端技術に強いのか。

今年六月までイスラエル中央銀行総裁を務めたスタンレー・フィッシャー氏は朝日新聞の取材に、「イスラエル軍がハイテク産業のエリートを養成している側面がある」と明かす。

イスラエルでは十八歳になると、だれもが兵役義務を負う。フィッシャー氏は「軍は、兵役を務める若者の中から優秀な人材を選んで、テクノロジーの仕事をさせている。多くの起業家は、そこから輩出されているようだ」と指摘する。ネット上のサイバー戦争対応や、新技術を使った兵器の開発は、軍にとって最重要分野の一つだ。優れた若者に情報技術を学ばせ、軍事戦略に活用しているものとみられる。

そうした若者たちは、数年間で軍の仕事を終えたあと、学んだ技術を応用して、当時の仲間とベンチャー企業を立ち上げることが多いという。旧ソビエト連邦の崩壊後、軍事技術に詳しい技術者が数多く移住したという歴史的な経緯も、イスラエルの「頭脳」のベースになっているという。

軍関連や、そこから派生する豊富な民間技術は、イスラエルを技術立国に押し上げている。同国は人口七五〇万人ほどだが、国内総生産（GDP）に占める研究開発費は世界でトップ。国民一人あたりの起業率、技術者数、特許数、博士号保有者数なども世界一位だ。ハイテク企業が多い米ナスダック市場の上場件数でも外国企業トップだ。

米国ではいま、イスラエルは「第二のシリコンバレー」などと呼ばれている。公用語であるヘブライ語に加え、英語も広く使われていることが、米企業との親和性も生んでいる。

米国のイスラエル重視をまねしているのが、韓国や中国の企業。米紙ウォールストリート・ジャーナルによると、韓国サムスン電子は、課題とされるソフトウエア分野を強化するため、イスラエル企業の買収に乗り出している。中国の企業も同じだ。

ただ、日本企業の影は薄い。「日本企業の存在感はイスラエル国内では、まったくない」（米大手コンサル会社）という。

■中韓も関心、見えぬ日本企業

『アップル、グーグル、マイクロソフトはなぜ、イスラエル企業を欲しがるのか？』（邦題）の著書があるシャウル・シンゲル氏の話　米国のIT企業が競うようにイスラエルのベンチャー企業を買収する理由は大きく二つある。一つ目は、自社に足りない特定の技術と技術者らを囲い込むこと。二つ目はベンチャー企業を買うことで、そこを自社の研究開発センターにすることができる。米国のIT大手は、起業が盛んなイスラエルの技術革新を絶えず取り込もうとしている。

韓国のサムスン電子やLG電子、中国の華為（ファーウェイ）技術、電機大手シーメンス（独）やフィリップス（オランダ）もイスラエルに大いに関心を寄せている。日本企業を見かけないのは、国外に研究開発拠点を持つ習慣がないのだろう。ただ、多くの国々がなぜ「中東の小国」に価値を見いだすのか——を日本企業も自問してみる価値はあると思う。〉

日本の将来を予測すると

IT産業は軍事と切り離すことができません。イスラエルと日本がIT産業で協力するということは、同時に防衛協力を進めるということです。『朝日新聞』は、特定秘密保護法案には反対していますが、日本版ＮＳＣの創設には反対していません。さらに日本とイスラエルの防衛協力を事実上後押しする記事を掲載しています。国際社会が帝国主義化する流れを『朝日新聞』の記者はよく理解しているのだと思います。

Ｚ君、『朝日新聞』イコール左翼、リベラル派というステレオタイプで解釈すると、現実の流れを見誤ります。私は近い将来に、政府は武器輸出三原則を全面的に緩和し、本格的にイスラエルとの防衛協力が行なえる態勢になると見ています。この流れについても『朝日新聞』に観測気球的な記事が出るのではないかと予測しています。

（二〇一三年十一月十九日脱稿）

15話　画期的な日本・イスラエル共同声明

Z君、勉強は順調に進んでいますか。旧約聖書学に本格的に取り組むとのことですが、頑張って下さい。旧約聖書の思想を学んでおくことが、国際社会を見る目を養う上でも役にたちます。

さて、新聞でも報道されたので、Z君も気づいたことと思いますが、二〇一四年五月十一〜十四日、イスラエルのネタニヤフ首相が六年振りに訪日しました。安倍晋三首相との会談は、十二日に行なわれました。今回、両首脳が署名した「日本・イスラエル間の新たな包括的パートナーシップの構築に関する共同声明」(以下、「共同声明」と略す)は、日本とイスラエルの関係を飛躍的に発展させる画期的な内容を含んでいます。それにもかかわらず、マスメディアではあまり大きく扱われませんでした。朝日新聞の報道を引用しておきます。

〈「中東和平必要」首脳が共同声明　日本とイスラエル

安倍晋三首相とイスラエルのネタニヤフ首相が十二日、会談した。行き詰まりを見せているイスラエルとパレスチナの和平実現の必要性を強調する共同声明を発表した。

安倍首相は共同記者発表で「交渉を出来るだけ早く再開することが両当事者の利益になる。（イスラエルによる）入植活動を含め、交渉の妨げとなる一方的な措置の最大限の自制を求める」と述べた。

イランの核問題については「真の解決を実現する必要性」を求める考えで一致。ネタニヤフ首相は、「イランは制裁や圧力の緩和を引き出しながら、核軍事能力の保持に努めようとしている」と批判した。〉（五月十三日『朝日新聞デジタル』）

この報道だと、日本とイスラエルの関係が質的に転換したことがわかりません。読売新聞は、両国の安全保障協力が進展していることについてこう報じました。

〈安保分野の協力推進で一致…日・イスラエル首脳

安倍首相は十二日、イスラエルのネタニヤフ首相と首相官邸で会談し、安全保障分野の協力を進めることで一致した。

両首脳は、国家安全保障会議（日本版ＮＳＣ）事務局の国家安全保障局とイスラエルの国家安全保障会議の協議開始や、防衛当局間の交流拡大を盛り込んだ共同声明に署名した。

会談では、日本の国家安全保障局とイスラエルの国家安全保障会議による会合をイスラエルで開くことで合意。防衛当局間の交流については、自衛隊幹部のイスラエル訪問で一致した。

安倍首相は会談後の共同記者発表で、四月二十九日に期限を迎えて頓挫した中東和平交渉について、「できるだけ早く再開することが当事者の利益になる」と述べ、イスラエルとパレスチナ自治政府に和平合意に向けた努力を促した。〉（五月十二日『読売新聞』電子版）

朝日新聞よりは、読売新聞の方が「共同声明」の重要性をわかっています。しかし、この記事でもまだ不十分と思います。今回、事柄の本質にもっとも迫っているのが毎日新聞です。特に五月十四日の朝刊に掲載された以下の社説が重要です。

適切な毎日新聞社説

〈日本・イスラエル　平和と安定への協力を

日本の中東政策の大きな節目ともいえよう。安倍晋三首相は訪日したイスラエルのネタニヤフ首相と会談し、両国の防衛協力を強化することで合意した。日本は北朝鮮の核・ミサイルの脅威に、イスラエルはイランの核開発の脅威に、それぞれ直面している。両首脳はこれを「今そこにある危機」と表現して、共通の懸念としたのである。

こうした連携は自然な成り行きともいえる。北朝鮮が日本を脅かす一方、イランを含む中東地域に核関連技術を輸出しているのは明白だからだ。国家安全保障会議（ＮＳＣ）に相当する機関同士の意見交換や、防衛当局の交流拡大での合意は、それぞれ同盟関係にある日本、米国、イスラエル3国の情報交換の促進にもつながろう。この協力関係が平和と安定に結びつくことを期待したい。

両国の共同声明によると、協力拡大は防衛部門だけでなく経済、文化にも及ぶ。投資協定交渉への準備作業を始めるほか、先進科学技術と宇宙関連機関も含めた産業分野で共同研究開発を促進することで合意したのは両国経済に好影響を与えよう。イスラエル側が東日本大震災後に課した輸入規制の撤廃を確認したことも、いまだ国際的な「風評被害」に悩む日本にとって朗報である。

政府は昨年、イスラエルも購入を予定する最新鋭戦闘機F35に使われる日本製部品の輸出を、当時の武器輸出三原則の例外として認める官房長官談話を決定した。紛争当事国などへの輸出を禁じていた同原則の例外扱いとしたのである。アラブ側の反発は目立たなかった。これを伏線として日本はイスラエルとの協力拡大に踏み切ったようにも見える。

アラブ産油国に石油資源を依存する日本はもともと「親アラブ」のイメージが強かった。しかしパレスチナ指導部が二つに割れ、アラブ諸国の地殻変動（アラブの春）が続いていることもあって、近年はイスラエルとの関係が重要度を増している。だが、日本は「平和と繁栄の回廊」構想などを通じてパレスチナとイスラエル双方に貢献してきた。イスラエルとの協力を進める一方で、アラブ諸国やイランとの友好関係を大事にする必要があるのは言うまでもない。

中東和平について安倍首相は「二国家共存」による解決でネタニヤフ首相と一致し、交渉の妨げとなる入植地（住宅団地）建設などの自制を求めた。昨年始まったイスラエルとパレスチナの和平交渉は合意期限の四月末、再開の見通しも立たないまま中断したが、中東情勢が悪化すれば日本にも累は及ぶ。ネタニヤフ首相は首脳会談や本紙との会見で、日本の役割に期待した。日本も和平への関与を忘れまい。〉

特にこの社説で、〈政府は昨年、イスラエルも購入を予定する最新鋭戦闘機F35に使われる日本製部品の輸出を、当時の武器輸出三原則の例外として認める官房長官談話を決定した。（中略）アラブ側の反発は目立たなかった。これを伏線として日本はイスラエルとの協力拡大に踏み切ったようにも見える。〉という指摘がなされていますが、毎日新聞の論説委員の着眼点は鋭いと思います。今回の「共同声明」は、日本の中東政策をラジカルに変化させることになります。

日本政府内の反イスラエル勢力

イスラエルは、中東において、自由、民主主義、市場経済という米国や日本と同じ価値観を共有する数少ない国家です。一九七三年の「第四次中東戦争」（イスラエルの呼び方では「ヨムキプール戦争」）で生じた石油危機（第一次オイルショック）のために、日本政府は、親アラブ政策を取るようになりました。その結果、生じた反イスラエル的傾向が日本政府・外務省の一部に今も存在します。今回の「共同声明」は、外務省の中東担当部局で反イスラエル勢力の影響が日本の外交政策に与えることができないほど小さくなったことを意味します。

私が外務省で勤務していたときに、省内の偏見を克服し、ロシア情報・分析やインテリジェンス分野でイスラエルとの関係を強化しようと努力しました。残念ながらこの努力が、二〇〇二年五月の鈴木宗男疑惑のときに私を逮捕する口実に使われました。現在では、私がどのような容疑で東京地方検察庁特別捜査部によって逮捕されたかについて、ほとんど忘れられています。二〇〇〇年四月にテルアビブ大学主催の国際学会「東と西の間のロシア」に出席するために袴田茂樹青山学院大学教授（現新潟県立大学教授）、下斗米伸夫法政大学教授（元朝日新聞客員論説委員）らをイスラエルに派遣するための費用を外務省関連の国際機関「支援委員会」から支出したことが背任であるとして、私は逮捕されたのです。

この事件後、イスラエルとのインテリジェンス協力は停滞しました。もっとも私のイスラエルの友人は、政府関係者を含め、苦しいときに私を支援してくれました。この恩義を私は一生忘れません。

「共同声明」の重要性――サイバー技術

作家になってからも、私は日本とイスラエルの関係改善に言論を通じて努力してきたつもりです。今回の「共同声明」を読んで、ようやく手応えを感じる成果が出たと思いました。

まず、「共同声明」では、〈双方は、日本の国家安全保障局とイスラエルの国家安全保障会議間の意見交換の開始を歓迎し、イスラエルで次回会合を実施することを確認した。〉と述べられています。日本政府の諸機関とイスラエルのモサド（諜報特務庁）、アマン（軍事情報部）との間には、長年にわたる交流があります。ただし、常に深い情報交換が行なわれていたわけではありません。今回の「共同声明」により、インテリジェンス面での協力が一層強化されることになります。

イスラエルのインテリジェンス機関は、秘密情報の収集や工作だけでなく、公開情報と秘密情報の双方を合わせた高度な分析能力を持っています。この機会に、日本政府から、優れた若手・中堅官僚をイスラエルに派遣して、インテリジェンス分析のノウハウについて研修を受けると大きな効果があると思います。

さらに、「共同声明」では、〈双方は、サイバーセキュリティに関する協力の必要性を確認し、両国の関係機関間で対話を行うことへの期待を表明した。〉と明記されています。サイバー技術に関して、イスラエルは防御と攻撃の両面において、世界最先端の能力を有しています。今後、日本の政府機関にイスラエルのサイバー技術を導入する可能性が生まれました。

重要なのは、専守防衛だけでは、サイバーセキュリティの技術を向上させることができないという現実です。イスラエルがサイバー兵器を開発し、イランやシリアをはじめとするイスラエルの安全保障上の脅威となる国家に対して使用していることは、公然の秘密です。イスラエルは防御と攻撃の両面において、サイバーの世界最先端の能力を有しています。イスラエルのサイバー技術を導入することが日本の安全保障能力を向上させることは、疑いの余地がありません。

イスラエルとの防衛協力

「共同声明」に、〈双方は、両国の防衛協力の重要性を確認し、閣僚級を含む両国の防衛当局間の交流拡大で一致した。双方は、自衛隊幹部のイスラエル訪問で一致した。〉とも明記されています。これでサイバー兵器、UAV（無人航空機）など進んだイスラエルのノウハウを日本が導入することが可能になりました。

UAVは、飛行機に人間が搭乗する必要がありません。従って、UAVが撃墜されたり事故を起こしたりしても操縦員の生命や身体が危険に晒されることはありません。また、衛星経由で遠隔操作ができるので、操縦員が長期間、戦場に派遣されることもなく、任務を終えれば帰宅することも可能になります。攻撃能力を持つUAVが実用化されれば、航空母艦はただの標的になります。中国は、航空母艦を保有しようとしていますが、それに対抗する最も有効な手段がUAVです。UAVは、米国製のグローバルホークやドローンが有名ですが、値段が高いです。イスラエルが参入することによって、UAVに関しても米国の独占が崩れ、競争原理が働くようになります。

北朝鮮の情報をも

東アジア情勢について、「共同声明」には、〈双方は、厳しさを増す東アジアの安全保障環境について意見交換を行い、アジア・太平洋地域の平和と安定を維持する重要性を確認した。特に双方は、核開発、ミサイル開発、拉致問題を含む北朝鮮をめぐる諸懸案の早期解決への強い希望を表明した。〉と記されています。イスラエルは、北朝鮮からイラン、シリアへの核技術や弾道ミサイル技術の移転に関する機微に触れるインテリジェンス情報を大量に保持していま す。両国のインテリジェンス協力の拡大によって、日本は北朝鮮に関する良質の情報を入手できるようになります。

安倍外交の最大の成果は、今回の「共同声明」であると私は見ています。

（二〇一四年五月十九日脱稿）

Ⅳ　イラン、シリア、北朝鮮の考察ノート

16話　中立国と情報工作

一般論として、日本人は中立という概念が好きだ。しかし、国際政治の現実において「純正中立」なるものは存在しない。第二次世界大戦中のヨーロッパを見てみよう。主な中立国は、スイス、スウェーデン、アイルランド、スペイン、ポルトガルだったが、スイスは英米などの連合国に好意的な中立国、スペイン、ポルトガルは日独伊など枢軸国に好意的な国だった。スウェーデンは当初、枢軸に好意的だったが、戦局が米英優勢になってから連合国寄りに立場を徐々に移すという日和見主義をとった。アイルランドは、反英だが親米というねじれた立場で、イギリスを打倒するという観点でナチス・ドイツの謀略宣伝放送のアナウンサーをつとめたホーホー卿（ウイリアム・ジョイス、一九四六年にイギリスで絞首刑）がインテリジェンスの世界では有名だ。

太平洋戦争前、日本外務省はアメリカ各地に情報提供者を確保し、スパイ網を展開していた。真珠湾奇襲後、在米の日本大使館や総領事館は閉鎖を余儀なくされ、せっかく育てた情報提供者が情報を報告する先がなくなってしまった。この情報の受入役をスペインが引き受けるのである。日本のスパイ網がアメリカで得た情報をスペインの外交官に報告し、それをワシントンのスペイン大使館がマドリッドに報告する。マドリッドのスペイン外務省が日本大使館にそのスパイ情報を転達するという手順になっていた。

〈中立国スペインでも日本の情報収集工作は行なわれていた。このグループはＴＯスパイ網と呼ばれ、アメリカをふくむ各国に派遣されている工作員が送ってきた連合国艦艇に関する情報を収集した。ＴＯの指揮をとっていたのは、マドリードの日本大使館で公使の地位にあった須磨弥吉郎だった。ＴＯが得た情報は、日本のみならずドイツでも利用された。〉（Ｈ・キース・メルトン『新版　スパイ・ブック』朝日新聞社、二〇〇五年、四一頁）

ここでいうＴＯとは、外務省で最初、「盗工作」と称されていたが、これではスパイ活動であるということがあまりに露骨なので、途中から名称を「東工作」と変更した経緯がある。

筆者は、鈴木宗男事件絡みで二〇〇二年二月二十二日にインテリジェンスの最前線を統括する国際情報調査局分析第一課の主任分析官を解任され、秘密情報へのアクセスが一切認められない外務大臣官房総務課外交史料館に異動になった。閑職への移動に筆者が腹をたてて自主退職することを当時の外務省執行部は狙っていたのであろう。しかし、転んでもタダでは起きない性格の筆者は、外交史料館の文書庫から「東工作」に関する電報を取り出して研究した。戦前の日本外務省のスパイ能力は決してアメリカやイギリスに劣っていないという印象を強くもった。このような戦中の日本外務省のインテリジェンス活動に関する資料を、同年五月十四日、東京地方検察庁特別捜査部によって逮捕されるまで読みあさっていた。「どのような状況になっても自暴自棄になってはいけない。その場所で、許された条件の範囲内で、この世の終わりの日に備えて、できるだけのことをするのだ」というのは、かつて異論派としてソ連の矯正収容所に送られ、その後、イスラエルに脱出した筆者の友人が述べたことである。

「ヨハンセン工作」

日本のスイス公使館は、米空軍による空襲を避けるために太平洋戦争末期に軽井沢に移動になった。ここでスイスは、イギリスの意向を受けて、日本の政治エリート内部に工作を仕掛ける。「ヨハンセン工作」と呼ばれたこの工作の「ヨハンセン」とは吉田茂元駐英大使（後の内閣総理大臣）のことだ。吉田茂は一九四五年二月に憲兵隊によって逮捕される。実は、この内偵と摘発を行なったのは憲兵隊ではなく、陸軍中野学校出身者によって極秘裏に作られた「ヤマ機関」によってである。今年、筆者はかつて「ヤマ機関」でヨハンセン摘発工作で中心的役割を果たした中野学校出身者と面談した。既に九十歳近くになるこの人は、「吉田茂がイギリスのスパイだったということは根拠がある話です」と言って、内情の一部を披露してくれた。イギリスは戦勝国なので、そのスパイ活動の全貌は歴史の闇に葬り去られてしまったのである。

中東問題と中立的たち位置

中立をめぐる国際政治の現実は現在も変化していない。筆者はイスラエル絡みの中東問題について、有識者が見解を述べる場合、中立的立ち位置はあり得ないと考えている。イスラエルの内在的論理を尊重する立場か、それ以外の立場である。当然、筆者はイスラエルの内在的論理を尊重する立場に立つ。

たとえば、最近のイスラエル・イラン関係を見てみよう。二〇〇五年八月にイランにマフムード・アフマディネジャード氏が大統領に選ばれた。アフマディネジャード氏は一九七九年のイラン・アメリカ大使館人質事件の学生運動指導者として参加している。元学生運動活動家で、その後、保守政治家や大企業幹部になったという例は世界的に珍しくない。例えば、アメリカのネオコン（新保守主義）の生みの親といわれているアービング・クリストル氏はニューヨーク市立大学のトロツキスト学生運動組織の指導者であった。アフマディネジャード氏の場合、過激な学生活動家としての魂をそのまま発展させて政治家になったようである。

イスラエル抹消の発言

二〇〇五年十一月にアフマディネジャード大統領は、「イスラエルを地図上から抹消する」という公約を発表した。イランもイスラエルも国連加盟国である。ある国連加盟国を他の国連加盟国が「地図上から抹消する」というのは、前代未聞のことだった。国連憲章にも明らかに違反している。もっとも外交交渉術として、当初、ハードルを極端に高く上げて、交渉相手に危機意識をもたせ、その後、元のレベルに要求を下げるというやり方はときどき行なわれる。例をあげれば、ロシアが「北方領土は全てロシアの主権下にある」という発言で日本側を揺さぶり、交渉が始まると「二〇〇一年のイルクーツク声明（森喜朗首相とプーチン大統領が署名）で、択捉島、国後島、色丹島、歯舞群島の北方四島は係争地である」と領土問題を認め、「双方に受け入れ可能な方法で解決する」と合意し、最初と同じところに戻ったに過ぎないことを、あたかも成果と見せかける技法である。

日本への脅威

イスラエル抹消発言を受けて、イスラエルや主要国のインテリジェンス機関は、アフマディネジャード大統領は額面どおり「イスラエルを地図上から抹消する」ことを考えているのか、それとも外交交渉術なのかを研究した。その結果、インテリジェンス専門家の大多数は、「どうもアフマディネジャード大統領は本気で、実力を行使してでもイスラエルを消滅させようと考えているようだ」という結論に至った。アフマディネジャード氏は世界最終戦争（ハルマゲドン）を本気で信じている。また、弾道ミサイル開発と核開発を本気で進めている。イランは原子力発電所の建設を発電のためと説明しているが、イランには石油と天然ガスが大量に埋蔵され、採掘されているので、原子力発電に依存する合理的理由がない。また、イランの弾道ミサイル「シャハブ－3」が北朝鮮の弾道ミサイル「ノドン」のコピーであることは、インテリジェンス業界では公然の秘密だ。日本政府がイランにＯＤＡ（政府開発援助）を供与するとそこで浮いたカネがミサイル開発に用いられ、その技術が北朝鮮にフィードバックして、北朝鮮の弾道ミサイル能力を強化させ、結果として日本に対して脅威を与えることになる。

二〇〇六年十二月、イランの首都テヘランでホロコーストに関する国際会議が行なわれ、アフマディネジャード政権は「ナチスによるホロコーストはなかった」という方向に国際世論を誘導しようとしている。これに対して、イスラエルはイランという国家の存在を否定したり、イランを地図上から抹消するという意図は持っていない。この差異は無視できない。

（二〇〇七年九月十三日脱稿）

17話　イラン危機と日本

Q君、イランの核開発が最終段階に至り、国際情勢が著しく緊張していることは、新聞報道を通じて君も感じていることと思います。しかし、率直に言って、日本の政治エリートの危機意識がとても薄いのです。

一月四日に行なわれた玄葉光一郎外相の記者会見記録のイランに関する部分を読んで、私は腰を抜かすほど驚きました。

玄葉外相の記者会見

〈【ロイター通信　金子記者】米国のイラン制裁の措置ですけれども、日本が制裁措置の適用から除外される可能性について、どのようにごらんになっているかという点と、あと、米国が適用除外について決めるのは大体いつぐらいになるのかという目途がもし日本の方でありましたら、お願いいたします。

【玄葉大臣】米国のイランに対する制裁、特に中央銀行との取引を行なっている企業の、いわばドル取引の禁止の問題でありますけれども、この点につきましては、私（大臣）からもクリントン国務長官にこの間、もっと言えば先般の外相会談でも、日本経済、そして世界経済、もっと言えば米国における消費に対してマイナスの影響があり得ると、逆効果もあり得るということを伝えたところであります。それに対してクリトン国務長官からは、運用に関して慎重に行なっていきたいという話があったというように記憶をしています。

したがって、この問題につきましては、引き続き緊密に連携しながら、これからの中東訪問と絡むのですけれども、いわゆる原油の代替の問題も出てまいりますし、あるいは中央銀行以外の決済の仕方というのがないのかどうかなど、いろいろなさまざまな問題がございますので、そういった問題も常に頭に置きながら、米国側としっかりと連携をしていきたいと考えております。

時期については、我々は大体この辺りだろうという時期は念頭に置いていますけれども、外に向かって申し上げる状況にはないというように思っています。〉（外務省ＨＰ）

米国の対イラン制裁の法案

ここで問題になっている米国のイランに対する制裁とは、国防権限法のことです。一一年十二月三十一日に、米国のオバマ大統領は、二〇一二会計年度（一一年十月～一二年九月）の国防権限法案に署名し、同法が成立しました。この法律では、イランの核開発を阻止するための追加的な制裁措置が盛り込まれています。

〈核開発問題をめぐるイランへの制裁強化のため、収入源である原油輸出に打撃を与えられる新たな措置が盛られており、大統領の判断で発動できる。／新たな制裁は、原油の輸入でイラン中央銀行と取引する米国外の金融機関を、米国の金融システムから締め出す内容。原油取引でイラン中央銀を使う日本や中国、欧州各国にイラン産原油の輸入からの撤退を迫り、イランの収入源に打撃を与えることを狙う。／ただ、制裁の発動でイラン産原油の輸出量が急減した場合、輸入国が原油不足に陥ったり、油価が世界的に高騰したりしかねない。このため、米大統領が「米国の安全保障上不可欠」と判断すれば制裁を最大四カ月間停止できる運用上の余地も残した。また、イランとの原油取引に絡む決済を大きく減らした金融機関は制裁を免除される。〉（一月二日、朝日新聞デジタル）

記憶違いか、情報操作か？

日本は米国の同盟国です。しかし、玄葉外相は、口先では、「米国側としっかりと連携をしていきたい」と述べていますが、日本経済、世界経済、さらに米国内の消費にも悪影響があるので、慎重に対応してくれとイラン寄りの姿勢を示しています。そもそも対イラン制裁が米国内の消費についてどのような影響を与えるかについて、米国政府は十分検討した上で決定を行なっているので、このような意見表明を米国側に対して行なうこと自体が外交的に極めて異例なことです。

ここで玄葉外相は、「クリントン国務長官からは、運用に関して慎重に行なっていきたいという話があったというように記憶をしています」と述べています。私はほんとうにクリントン国務長官がこのような発言をしたとは思えないので、内情を知る人に情報を確認してもらいました。クリントン国務長官はこのような発言をしていません。

玄葉外相が、イラン制裁に関して慎重な運用を要請したのに対して、クリントン長官は、日本を驚かすことがないように連絡を密にしたいという趣旨の発言をしたに過ぎず、「運用に関して慎重に行なっていきたい」というコミットメントはしていません。記者会見における玄葉外相の発言は、記憶違いか、政策的判断による情報操作です。玄葉発言が米国で報道されると、議会でクリントン国務長官が激しく批判される可能性があります。

また、東京のイラン大使館は、この記者会見の内容を本国に報告します。米国国務長官が同盟国である日本の外務大臣にイランに対する追加的制裁の運用に関しては慎重に行なっていきたいと明言したことは、イランが強気の対応に出る根拠になります。日米同盟関係の根幹に悪影響を及ぼしかねません。

イラン側の反応

イランは、玄葉外相の姿勢を高く評価しています。昨年十二月十七日、イラン国営ラジオ「ラジオ・イラン」は、以下の報道を行ないました。

〈日本、対イラン制裁について米に警告

日本の玄葉外務大臣が、アメリカの新たな対イラン制裁を非難しました。

ファールス通信によりますと、玄葉大臣は、対イラン制裁強化に関するアメリカ上院議会の最新法案について、「このアメリカの措置は、日本を初めとする世界の経済に損害を与えることになる」と語りました。

玄葉大臣は、記者会見の中で、最近アメリカ議会で、対イラン制裁案が可決されたことに懸念を表明し、「この法案は、日本と世界の経済に影響を及ぼすだろう」と述べました。

これに先立ち、ロシアと中国は、対イラン制裁強化に関してアメリカに警告を発し、「これらの制裁は、効果がなく、既に失敗している」と強調しています。

アメリカ上院議会は、最近、イランの中央銀行と取り引きを行なう金融機関がアメリカの制裁を受けるという内容の法案を可決しました。これにより、イランからの石油輸入は不可能となります。

アメリカ政府は、この法案により、自国の同盟国を失うなどの結果を恐れており、このため、この法案には、対イラン制裁を本格的に実施する国に対し、この法案の適用外とするよ うという条項を盛り込んでいます。この条項により、日本、韓国といった国は、引き続きイランからの石油輸入が可能です。

日本と韓国は、自国の原油輸入全体の一〇%をイランから輸入しています。〉(一一年十二

月十七日、「ラジオ・イラン」日本語版HP）

EUがイラン産原油を禁輸

米国だけでなく、EUもイランの石油の禁輸に踏み切りました。一月五日の英国ロイター通信はこう報じています。

〈［ブリュッセル／テヘラン　四日　ロイター］欧州連合（EU）外交官は四日、核開発疑惑のあるイランへの制裁措置として、EU加盟国がイラン産原油の輸入を禁止することで基本合意した、と明らかにした。

外交官らによると、EUの特使が十二月終盤、イラン問題をめぐり協議を重ね、原油禁輸に対する反対意見はすべて撤回されたという。

外交官のひとりは「大きな進展があった」とし、「原油禁輸の原則で合意した。それ以上の協議は行なわれていない」と述べた。

オバマ米大統領が年末にイラン制裁法案に署名していることから、EUが米国に続きイランの原油禁輸に踏み切れば、総選挙を数カ月後に控えるイラン政権には大きな痛手になるとみられている。

米国務省のヌーランド報道官は、EUの動きについて「われわれの同盟国だけでなく、世界のほかの国からも出てくることを期待する」と表明。「イラン経済に対する包囲網強化につながる」との見方を示した。

また、米財務省のある高官は、世界の石油市場を大きく混乱させずにイランの原油輸出収入を絶つことは可能、との認識を示している。

ガイトナー米財務長官は、来週十〜十二日に中国と日本を訪問し、世界経済やイラン政府への協調対応について両国首脳と協議する予定。

EUが実際にイラン産原油の輸入禁止に踏み切れば、イランはほかの輸出先を探すことを余儀なくされる。イランの原油輸出量は1日あたり二六〇万バレル。EUはそのうち同およそ四五万バレルを輸入しており、イランにとって、中国に次ぐ第二位の原油輸出市場となっている。

イランからの原油輸入量が多いイタリアのモンティ首相は、段階的に導入されるのであれば、輸入禁止を支持する用意がある、としている。〉

一部外務官僚の親イラン的姿勢

玄葉外相のイラン観は、米国やEUから極端に乖離《かいり》しています。もっとも首相官邸や民主党の政務調査会は、玄葉外相のイランの核開発に対する懸念を表明せずに、米国の対イラン制裁に異議を唱える姿勢が、今後の日米同盟に深刻な影響を与えるのみならず、日本の国際的孤立を招きかねないという危機意識を抱き、対イラン制裁で米国やEUとの協調を強化する方向に方針転換しました。これで、最悪の事態は回避されたと思います。

玄葉外相は、なぜこのような親イラン的姿勢を取るのでしょうか。以前、Q君にも伝えましたが、外務省の中東を担当する一部の外交官に極端な反イスラエル、嫌米感情があるからです。この勢力が玄葉外相と結びついています。さらに有識者の一部にも、「日本は中東諸国、特にイランとは過去に特別の関係が蓄積されているので、米国の対イラン政策、対イスラエル政策とは一線を画した方がよい」という考え方があります。この考え方は間違えています。二〇〇一年九月十一日の米国同時多発テロ事件後、日本は米国の同盟国として、アフガニスタン、イラクに対する軍事行動に加わっています。一九七〇年代のような対中東独自外交を日本は行なっていません。

さらに現在、イランを巡り問題となっているのは、核不拡散体制の維持という国際秩序の基本的なゲームのルールをイランが崩そうとしていることから生じています。イランの核保有を阻止することは、日本の国益と世界平和を維持するために不可欠です。

北朝鮮との結びつき

さらにイランと北朝鮮が提携していることも見逃してはなりません。一一年十二月三十日、産経新聞が興味深いインテリジェンス情報を報じました。

〈北朝鮮技術者五人死亡　イランのミサイル基地での大爆発に巻き込まれ　金正恩体制でも協力継続

イランで十一月に起きたミサイル基地の大爆発で、北朝鮮の技術者五人が巻き込まれて死亡したことが二十九日分かった。朝鮮半島情勢に詳しい情報筋が明らかにした。北朝鮮は十二月にシリアで行なわれたミサイル実験にも技術者を派遣したという。さらに同筋によると、北朝鮮は金正恩体制下でも、イランとの協力関係を継続する考えを伝えた。新体制になっても、中東地域でのミサイル開発に密接に関与していくことを明確にしたといえる。

情報筋によると、十一月十二日にテヘラン南西にあるミサイル基地で起きた大爆発で、北朝鮮技術者五人が死亡したほか二人も重傷を負い、テヘラン市内の病院に搬送された。七人の氏名は明らかになっていないが、三人は北朝鮮の兵器開発の中心的な機関、第二自然科学院（国防科学院）の技術者だという。

爆発の詳しい原因は不明だが、衛星写真などによるとイランの固体燃料ミサイルの中心的な試験施設である基地はほとんど完全に破壊された。ミサイル開発を指揮していたハッサン・テヘラニ・モガダム氏らが死亡するなど、イランの弾道ミサイル開発が「大きく後退した」（米紙ニューヨーク・タイムズ）とされる。モガダム氏の葬儀には最高指導者ハメネイ師が参列した。

爆発の翌月、北朝鮮とイランのミサイル技術者ら数十人がシリアを訪れた。シリアで十二月上旬に行なわれたミサイル実験を視察するためで、技術者たちは実験の結果を自国のミサイル開発に活用する目的があったという。情報筋は「三カ国の密接な協力関係を示している」と語る。

一方、同筋は北朝鮮がイランに対して、金正日総書記死去の通知を十九日正午の公式発表の数時間前に行なったと指摘した。同筋によると、北朝鮮はイラン側に金正恩体制下でも「両国の特別な関係は継続する」と述べ、ミサイル開発などで引き続き協力していきたいと伝えたという。

イランは「北朝鮮との間には弾道ミサイルをはじめとするいかなる軍事協力関係も存在しない」（在京イラン大使館）としている。〉（二〇一一年十二月三十日、ＭＳＮ産経ニュース）

日本の国益に貢献する道

在京イラン大使館は、「北朝鮮との間には弾道ミサイルをはじめとするいかなる軍事協力関係も存在しない」と述べていますが、イランの弾道ミサイル「シャハブ３」が、北朝鮮の「ノドン２」のコピーを改良したものであることは、インテリジェンスの世界における常識です。イランのアフマディネジャード大統領は「イスラエルを地図上から抹消する」ことを公約に掲げています。そして、この公約を実現するために核開発を行なっているのです。

インテリジェンス面でイスラエルとの関係をもっと強化し、イランや北朝鮮の脅威を除去する努力をすることが日本の国益に貢献すると私は信じています。

（二〇一二年一月十日脱稿）

18話　イスラエルとイランの関係をどう見るか

Q君、イランの核開発との関連で、日本の報道を読んでいると、知らず知らずのうちにイスラエルの暴発をどうやって阻止するかについて、米国や西欧諸国が苦慮しているという認識になります。この認識は正しくないと私は考えます。この点、ロシアの報道の方が、イスラエルが直面する危機について、ずっと深い洞察を示しています。一二年三月十日、ロシア国営ラジオ「ロシアの声」(旧モスクワ放送)が日本向けに以下の報道を行ないました。

ロシアの声

〈イスラエル、イラン攻撃の準備あり
イスラエルのベンヤミン・ネタニヤフ首相はイランへの攻撃を長期にわたり延長するつもりはないと明らかにし、イランの核の脅威は取り除かれるべきだと強調した。同氏は、イランへの攻撃は今日明日中に行なわないが、何年も先にまで延ばすつもりはないと発言している。テレビ局「ロシア24」が報じた。

ネタニヤフ首相がイランの核プログラムについて言及したのは、米国のオバマ大統領との会談以降初めてとなる。ネタニヤフ氏は、イランの核問題におけるイスラエルと米国のアプローチにはいくらかの相違点があると述べた。同氏は、米国は大国でイランから遠くに位置するが、イスラエルはすぐ隣に位置するため、米国は悠長に構えていられるが、イスラエルにとっては焦眉の問題だと指摘している。

イランの指導者らは一度ならずイスラエルを世界地図から抹消すると発言しているため、イスラエルのイランの核プログラムへの恐怖は当然のものだ。しかし、ロシアの専門家はイランのこうした脅迫を真剣にとらえる必要はないと考えている。イランはアラブ世界の指導者になることを目指しているため、イランの大統領と宗教的指導者らのイスラエルに関する発言は、同国民とアラブ諸国民に向けられている。したがって、イランが実際にイスラエルに核攻撃を加えることは考えにくい。イスラエル領内には六〇〇万人のアラブ人が居住しており、その大部分が核攻撃の結果、死亡すれば、イランはアラブ世界の指導者どころか敵になってしまう。

しかし、イスラエル国民は核兵器がイランのイスラム原理主義者らの手に落ちることを心から恐れている。そのため、イスラエル政府はイランが実際には核攻撃を加えてこないことを知りながら、国民の不安を鎮めるための手段を取らざるをえなくなる。

イスラエル空軍がイランの核ミサイルに先制攻撃を仕掛ければ、状況は最悪のものとなるだろう。イランは反撃の手段を持つため、イスラエルによるピンポイント爆撃が大規模戦争に発展する恐れがあるからだ。〉(http://japanese.ruvr.ru/2012_03_10/68043253/)

ロシアの評価は正しい

この報道は、ロシアのインテリジェンス専門家の見方を反映しています。興味深いのは、イスラエルの認識について、〈イランの指導者らは一度ならずイスラエルを世界地図から抹消すると発言しているため、イスラエルのイランの核プログラムへの恐怖は当然のものだ〉という評価をしていることです。この評価は正しいです。また、イラン指導部が合理的に考えるならば、ユダヤ人だけでなく多くのアラブ人を殺害することになるイスラエル領内に対する核攻撃を行なうことはありません。ロシアのインテリジェンス専門家は、この観点に立って情勢を分析しています。米国も同様の認識をしています。それが、「イスラエルの暴走論」につながるのです。

しかし、問題はイランが合理的な国家戦略に基づいて、核開発を行なっているといえないところにあります。それだから、私はイスラエルがイランの核開発に対して楽観論を取れないのは当然のことと考えます。

オバマの誤ったシグナル

Q君は、「みるとす」を毎号、熱心に読んでいるので、中東情勢に関して、イランやアラブ諸国に偏らないバランスのとれた知識を持っていると思います。さらに今年二月に刊行された山内昌之東京大学大学院教授が上梓した『中東新秩序の形成　「アラブの春」を超えて』におけるイランの核開発をめぐる米国、イスラエル、イランの三国関係に関する記述が興味深いです。山内教授は事態の推移を冷静に見ています。ＮＰＴ（核拡散防止条約）体制に関するオバマ政権のイランに対する融和姿勢が、誤ったシグナルとなったことが分かります。

〈オバマは、二〇一〇年のＮＰＴ再検討会議において、「核廃絶の明確な約束」を再確認した。ところがイスラエルは、この会議でオバマがイランの核開発問題に言及せず、イスラエルだけにＮＰＴ加盟とＩＡＥＡ（引用者註＊国際原子力機関）の査察を求めたことに反発した。イスラエルにとって核所有を肯定も否定もしない「あいまい政策」は、国是であり国家戦略の根幹だからである。イスラエルは、最終文書で明記された一二年に開催予定の中東非核化（非核地帯設置）会議をボイコットする声明も発表した。その表向きの理由は、最初に中東和平を実現し、ついで非核化を実現するのが適当だというものだ。イスラエルによるオバマへの不信感は根強く、アメリカ政府がアラブ連盟とエジプトを中心とする政治圧力に譲歩したという不満が強く残った。

アメリカはＮＰＴ体制の維持と不拡散を主張したが、文言に北朝鮮制裁が語られているので日本政府も最終文書を評価している。イランは、その核開発に関する文言が盛り込まれなかった点で「核なき世界に向けた一歩」（ソルタニエＩＡＥＡ大使）と評価したが、これは言行不一致というべきだろう。アラブやイランはイスラエルの核保有について議論開始の道筋をつけた点を評価したが、イランも安保理の制裁を阻止する足がかりをつかめなかった点で必ずしも満足な結果ではなかった。アメリカは、イスラエル説得のためにその安全保障を担保する包括的中東和平実現の必要性を強調し、イラン包囲網の構築に向けた方策の実施を説いたが、失敗に終わったのであった。

オバマの執念は、二〇一〇年六月九日の国連安保理での対イラン追加制裁決議にも表れている。オバマはイランとの対話の可能性に見切りをつけて、アフマディネジャド大統領への対決姿勢を強め、「国際協調による外交懸案の解決」を外交安保戦略の根幹にすえて、イスラエル説得の材料にしようとした。また、バンカーバスター・ミサイル（「地中貫通爆弾」とも訳される特殊な爆弾。地下施設の破壊に使う）の中東配備を言明したのもイランへの牽制であったろう。〉（山内昌之『中東　新秩序の形成「アラブの春」を超えて』NHKブックス、二〇一二年、二二八〜二二九頁）

米国がイランの核開発問題に言及せず、イスラエルにだけNPT加盟とIAEAの査察の受け入れを要請したためにイスラエルの安全保障を毀損《きそん》する危険が生じたのです。イスラエルにとって、核兵器を保有するか否かについて明らかにしないという「あいまい政策」は、国家保全のために不可欠な措置です。この「あいまい政策」を前提として、中東における外交ゲームは展開されていました。オバマ大統領は、この外交ゲームのルールを根本から変える危険があるシグナルを発してしまったのです。

米国は通常の外交的手段のみで、イランの核開発を阻止できると考えたようですが、その見通しは甘かったです。国際社会の目を欺いて、核開発を進めた結果、このまま事態が進捗《しんちょく》すれば、二〜三年でイランが核兵器を製造することが可能な状態になりました。そこで、米国もＩＡＥＡも本腰を入れてイランの核開発を阻止するオペレーションを開始しました。この点について、山内教授はこう記しています。

日本のエネルギー戦略への影響

〈アメリカにおける二〇一〇年七月のイラン制裁法の成立はイランをじわりと追いつめた。ガソリンをイランに供給してきた世界の主要十三社のうち二〇〇九年以降輸出停止を決めたのは、フランスのトタルなど十社であった。精製能力の不備からガソリンの消費量の三分の一を輸入するイランの国内ガソリン供給はますます厳しくなった。一〇年五月のガソリン輸入量は前月比で二〇％も減少した。制裁発動を前にガソリン輸出業者が取引を自粛したのである。消費量抑制のために国内価格引き上げもありうるだろう。実施されるなら、市民生活に深刻な影響が出かねない。とはいえ、これで核開発が停止や縮小に向かうとはまず考えられない。大国化を目指すイラン政府は、国民の生活を顧みるより、それを犠牲にしても国富の大部分を軍事につぎ込むことを優先するからである。

実際に、二〇一〇年九月六日付のＩＡＥＡ報告書は、イランが濃縮度二〇％のウランを二十二キロ製造したと伝えている。これは四月時点で保有していた量の四倍にあたる。濃縮度三・五％の低濃縮ウランにいたっては二千八百三キロを製造したというのだ。弾道ミサイル搭載型核弾頭の開発が継続していることも疑えない。イスラエルを射程に収める中距離ミサイル「シャハブ３」（引用者註＊北朝鮮の弾道ミサイル「ノドン」の改良型）はすでに実戦可能であり、トルコやサウジアラビアに届く「セッジール２」はここ一、二年のうちに配備可能となるようだ。五年後になると欧州、十年後にはアメリカ本土もイランの脅威を受けることになる。これらはいずれも北朝鮮のノドンやテポドンの技術供与による改良型と見られる。

さらに、二〇一〇年九月に、日本政府と国際石油開発帝石（ＩＮＰＥＸ）は、イラン南西部のアザデガン油田開発から完全撤退する方針を固めた。米政府の制裁措置対象にＩＮＰＥＸが含まれる可能性が高かったためである。もしアメリカ政府の制裁が発動されると、ＩＮＰＥＸが他国で進める油田開発にも影響が出ることは間違いない。アザデガンは原油埋蔵量が二百六十億バーレルの世界有数の油田として期待されていた。ＩＮＰＥＸはその開発の一〇％の権益を確保していたわけだが、中東の〝日の丸油田〟がますます減っていくのは、今後の日本のエネルギー戦略や中東資源外交に大きな影響を与えるだけではない。中国がその間隙をつくことで、日中間のエネルギー競争でも不利な立場に追い込まれることになった。〉（前掲書二二九〜二三一頁）

アザデガン油田開発

Q君、以前、君には話しましたが、私が外交官だった頃、北方領土問題と同じくらい熱心に取り組んだのが、イランによる核兵器や弾道ミサイルなどの大量破壊兵器の保持を阻止することでした。

特に鈴木宗男衆議院議員が、内閣官房副長官や自民党総務局長の要職にあったときは、アザデガン油田開発に対して、日本が慎重な姿勢を取るように働きかけていました。なぜなら、アザデガン油田開発に日本の資金が導入されると、イランがその分、国家予算を核兵器や弾道ミサイルの開発に割くことが懸念されたからです。さらにイランで改良された弾道ミサイルの技術が、北朝鮮に流入する危険性もありました。日本の政府や民間企業の資金が、結果として日本の国益を毀損してはならないというのが鈴木氏の考えでした。

二〇〇一年に小泉純一郎政権が成立した後、アザデガン油田開発が動き始める徴候がありましたが、鈴木氏の影響力行使により、日本政府がこの計画に本格的に取り組むことはありませんでした。日本外務省や政界には、アザデガン油田開発の障害となる鈴木氏を排除しようとする動きがありました。鈴木氏も私も、「イランが恐くないのか。アザデガン油田開発を妨害すると、あなたたちが個人的に面倒なことに巻き込まれる」という警告を複数回、受けたことがあります。それでも、鈴木氏も私も、イランに対しては、大量破壊兵器の不拡散にコミットしない限り、経済協力を行なうべきでないという姿勢を堅持しました。二〇〇二年に鈴木氏が失脚した後、日本はアザデガン油田の開発に前のめりになっていきます。そもそもこのような、おかしな開発にコミットメントしていなければ、撤退による損失も被らなかったのです。
山内教授は、イスラエルとイランの関係を「サムエル記」に記されたダビデとゴリアテの類比で読み解きます。

イスラエルの基本的立場

〈イスラエルの安全保障コンプレックスとイランの核開発意欲を比べると、さながら『旧約聖書』に出てくる統一イスラエル王国の国王ダヴィデと、ペリシテ人の巨人ゴリアテとの関係を偲ばせるところがある。いまの両国は、いずれともにダヴィデを自負するかもしれないが、その当否はしばらくおこう。二〇一〇年から一一年にかけて、イスラエル市民世論の右傾化がしきりに囁かれたが、イラン脅威論がほぼ国民的共通認識であるこの国では珍しいことではない。実際に、アフマディネジャドは核開発と結びつけるようにして、イスラエルの生存権を拒否する発言を繰り返した。いわく、「地図からイスラエルを抹殺する」「ホロコーストはなかった」などの発言は、〝第二のホロコースト〟に強迫観念をもつイスラエルの一般市民の態度をも硬化させることになった。

〝核をもつイランとは共存できず〟というのがイスラエルの基本的立場である。もしイランが核武装するなら、シリア、サウジアラビア、ヨルダン、エジプトも核開発競争を加速化させ、イスラエルは核の脅威に包囲されるというのが市民のあいだでの常識である。この脅威こそ、ネタニヤフの右派リクードと超タカ派リーベルマンの極右政党「わが家イスラエル」との連立政権を成立させた要因にほかならない。イスラエルは、アメリカ主導の各種国連決議によっても、イランが早期に完全なウラン濃縮技術を確立（核兵器製造）する危険性を除去できないと考えている。

イランの海軍や革命防衛隊によってホルムズ海峡封鎖が行われるなら、アメリカは海上逆封鎖などの圧力と組み合せながら、軍事攻撃の極端なオプションを否定しないだろう。現実に二〇一二年一月に入ってイラン指導部は、ＥＵなどがイラン産原油の輸入禁止に踏み切ったなら海峡封鎖も辞さないと警告した。すると、アメリカのパネッタ国防長官やデンプシー統合参謀本部議長が原油輸送の大動脈を守るために軍事行動も辞さないと公言した。他方、イスラエルには一九八一年にイラクの核施設、二〇〇七年九月にシリアの核施設を空爆した先例がある。問題は、多数の地下秘密施設をもつイランについては、イスラエルが空爆作戦をしても完全に核施設を破壊できないことだ。せいぜい核の最終開発を二、三年、最大でも五年くらい遅らせられるだけのことではないか。〉（前掲書二三二〜二三三頁）

山内教授の分析は正確です。イランの核保有によって、人類の歴史は、新たな危機の段階に入りつつあります。

（二〇一二年三月二十日脱稿）

19話　イランと「国交断絶」したカナダに学べ

Ｚ君、神学の勉強は進んでいますか。京都の町は三方が山に囲まれています。そのせいか、小宇宙という雰囲気があります。私も京都に住んでいた神学生時代、洛中から外に出ることはほとんどありませんでした。そして、「神が人間になったということの意味はなにか」（キリスト教神学でいう受肉論）ということばかり考えていました。もっともあの頃考えていたことは、その後、外交官になってからも、そして現在、作家としても役に立っています。受肉論を神学専門家以外にも理解可能な言葉に言い換えると、「どんなに立派な理念でも、それが現実に影響を与えなくては意味がない」という意味になります。

尖閣問題の本質は国際秩序の一方的変更

日本のアカデミズム、ジャーナリズムには、外交や国際政治の専門家は、それこそ数千人もいます。これに地域研究の専門家を超えると軽く一万人を超えるでしょう。しかし、現実に影響を与えることを真面目に考えている専門家は、ひじょうに少ないです。特に現在、尖閣諸島をめぐって日本の主権が現実に脅かされる状況が生じています。

これに対して、私は元外交官で、領土問題やインテリジェンスに関する知識を持つ専門家として、日本の国益を保全することを考えながら、文章を綴っています。それですから、最近、私が新聞や雑誌に寄稿する論考は、より戦略的、戦術的観点を重視した内容になっています。

尖閣問題の本質は、急速に国力をつけた中国が、既存の国際秩序を一方的に変更しようとしていることにあります。この点で、中国とイランは、同じ外交哲学をもっています。

イランのＩＡＥＡ挑発

それにもかかわらず、日本においてイランに対する警戒感が弱いのは、危険です。イランが国際秩序に挑戦する顕著な例は、ＩＡＥＡ（国際原子力機関）に対する挑発的姿勢です。

例えば、九月二十日、イラン国営「イランラジオ」がこんな報道を行ないました。

〈イラン原子力庁、「イスラエルの対イラン攻撃の責任はＩＡＥＡ」

イラン原子力庁のアッバースィー長官が、「イランに対して予想されるアメリカと、シオニスト政権イスラエルの攻撃の責任は、ＩＡＥＡ・国際原子力機関にある」と語りました。

アッバースィー長官は十九日水曜、プレスＴＶとのインタビューにおいて、「アメリカとイスラエルが、イランの核施設を攻撃した場合、イランはＩＡＥＡにその責任を問うだろう」

と述べています。また、「イランが、ＩＡＥＡに提供している情報は、ＩＡＥＡ総会で天野事務局長により提示される前に、正当な権威のない一部の機関にいきわたった」としました。さらに、「天野事務局長が、ＩＡＥＡに提出された情報を暴露しないで欲しい、というイランの要請を無視するなら、イランは、天野事務局長に対し、自国の核施設に対する軍事攻撃や、テロリストによる破壊行為の責任を問うだろう」と語っています。イランの政府・軍事関係者は、「イランは決して他国に戦争を仕掛けることはないが、特にイスラエルを初めとする敵の攻撃や脅迫に対しては、断固たる態度をとる」と繰り返し表明しています。〉

（九月二十日付「イランラジオ」日本語版ＨＰ）

ＩＡＥＡの「深刻な懸念」

イランの核開発を阻止することは、世界の平和を維持するための焦眉の課題です。イランは、ＩＡＥＡに対して提供した情報が、米国やイスラエルに流れるのは、初めから織り込んでいます。イランの目的は、あくまでも原子力の平和利用で核兵器開発ではないという宣伝にＩＡＥＡを利用しようとしています。もっとも日本外務省出身の天野之弥ＩＡＥＡ事務局長は、軍縮問題の専門家ですから、イランの嘘を見抜いています。それだから、イランは天野事務局長に対する憎しみを強め、名指しでの批判を繰り返しているのです。

九月十三日、オーストリアのウィーンで行なわれたＩＡＥＡ理事会で、イランを厳しく非難する決議が採択されました。朝日新聞の記事を引用しておきます。

〈イラン核疑惑に「深刻な懸念」　ＩＡＥＡ理事会
　ウィーンで開催中の国際原子力機関（ＩＡＥＡ）理事会は十三日、イランの核兵器開発疑惑に「深刻な懸念」を表明する決議を賛成多数で採択した。決議はイランに疑惑解明への協力を強く求める一方、「平和的解決を支持する」として、軍事攻撃の構えを強めるイスラエルを牽制した。

　決議案は、国連安全保障理事会常任理事国にドイツを加えた六カ国が提出。米欧は、国際社会が一致してイランに圧力をかける狙いだったが、ロシアと中国の反対でイラン非難の表現は弱められ、国連安保理への付託も見送られた。

　理事会（三十五カ国）の採決では三十一カ国が賛成、キューバが反対、エジプト、エクアドル、チュニジアが棄権した。イラン核問題の決議の採択は昨年十一月以来。

　イランのソルタニエＩＡＥＡ担当大使は「決議は核問題の解決にはつながらず、状況を複雑にするだけだ」と非難した。（ウィーン＝玉川透）〉（九月十五日付、朝日新聞デジタル）

ネタニヤフ首相「来年は違う」

　この直後、イスラエルのネタニヤフ首相は、「エルサレムポスト」紙のインタビューに答え、イランの核開発問題についてこう述べています。

〈「イランの核開発止められず」悔い　イスラエル首相
《関連トピックス　イラン》イスラエルのネタニヤフ首相は、ユダヤ教の新年を前にした十六日付のエルサレムポスト紙のインタビューで、過去一年の罪について問われ、「イラン（の核開発）をまだ止められていないこと」と答えた。今年は新年が十六日夜から始まり、神に祈りを捧げて過去一年の罪を悔い改める。

ネタニヤフ氏は、核開発を進めるイランを阻止するための単独攻撃も辞さない構えを見せているが、「いろいろやったが、まだ目的を達していない。来年には違う回答ができることを望む」と語った。

また、イランとの協議を続ける米国などに対して求めている「レッドライン」（協議を終わらせ、軍事行動に踏み切る一線）の内容については、「イランが渡ってはならないと知っていること」と明言しなかった。

ネタニヤフ氏は今月末の国連総会に合わせて訪米するが、オバマ米大統領との会談は行なわれない見通しで、関係悪化が懸念されている。（エルサレム＝山尾有紀恵）〉（九月十七日付、朝日新聞デジタル）

朝日新聞は「レッドライン」について明確に記していませんが、私が得ている情報によると、イスラエルはイランがこれまでの二〇パーセントを超えるウランの濃縮に踏み込むことです。そうした場合、イスラエルはいかなる対価を払ってでも、イランの核開発を阻止します。イスラエルにとって米国は、最重要同盟国です。しかし、イスラエルは米国に対しても、自国の根本的利益に関する事項については絶対に譲りません。九月十一日に米国のオバマ大統領とイスラエルのネタニエフ首相が電話会談を行ないました。その内容について、朝日新聞はこう報じました。

〈米とイスラエル首脳が電話会談　対イランで協力確認

米ホワイトハウスは十一日、オバマ大統領がイスラエルのネタニヤフ首相と約一時間にわたって電話会談したと発表した。イランの核開発問題などへの対応で緊密に協力していくことを確認したという。

イスラエルは、イランの核開発を阻止するための単独攻撃も辞さない構えをみせており、国際社会による経済制裁が効果を上げていないと批判。イランとの協議を終わらせる（条件となる）レッドラインを設けるよう米国などに求めてきた。

ネタニヤフ氏は電話会談に先立ってエルサレムで記者会見し、「イランに対してレッドラインの設定を拒む国々は、イスラエルに赤信号を出す権利はない」と述べ、暗に米国を批判していた。今月末に予定するネタニヤフ氏の訪米時に首脳会談が行なわれないとの観測が強まっており、関係悪化が懸念されていた。（エルサレム＝山尾有紀恵）〉（九月十三日付、朝日新聞デジタル）

イランの危険性を告げる「ロシアの声」

オバマ政権は、イスラエルに圧力をかけることで、イランと国際社会の対話を促そうとしているのでしょうが、このアプローチは危険です。むしろ、親イラン的な立場を取っているロシアの方が、イランの危険性を等身大で理解しています。例えば、八月十二日、露国営ラジオ「ロシアの声」がこんなニュースを報じました。

〈イランの核兵器製造プロセスは最終段階にある

イランは核兵器製造プロセスの最終段階にある。イスラエル紙ハアレツが十二日、匿名筋を条件に語ったイスラエルの高官筋からの情報として伝えた。

イスラエルの高官は、米国、イスラエル、その他の西側諸国の特務機関が入手した最新の諜報データによると、イランは自国の核プログラムを速いテンポで実現しているという。高官は、イランは現在、国際原子力機関（ＩＡＥＡ）が考えているよりもずっと核兵器製造に近づいていると強調した。

イランはこれまで通り、自国の「平和的」原子力の権利を拒否する意向はないとの声明を現し、西側諸国の非難を断固拒否している。〉（八月十二日付、「ロシアの声」日本語版ＨＰ）

イスラエルの新聞を引用した客観報道という体裁をとっていますが、「ロシアの声」は国営放送なので、ロシア政府の立場に反する内容のニュースに批判的コメントをつけずに報じることはありません。この報道は、ロシアがこの情報に信憑性があると考えていることを示唆するものです。

九月十七日、「ロシアの声」は、こんなニュースを報道しました。

〈イラン　核拡散防止条約脱退の可能性を示唆

イランは、西側がイランに対して武力を行使した場合、核拡散防止条約（NPT）から脱退する可能性がある。イスラム革命防衛隊のジャファリ司令官が十六日、イランの首都テヘランで開かれた記者会見で伝えた。

ジャファリ司令官は、「攻撃を受けた場合、イランは自国の義務を見直す。イランはNPTから脱退する可能性がある」と警告し、「だがこれは核爆弾製造への道における急激な飛躍を意味するわけではない」と述べ、なぜならその行動はファトワー（宗教的な教令）に反しているからだと指摘した。

イランの最高指導者ハメネイ師は、あらゆる種類の大量破壊兵器の製造、貯蔵、使用を禁止するファトワーを発している。〉（九月十七日付、「ロシアの声」日本語版HP）

ロシア人は猜疑心が深い現実主義者です。ハメネイ宗教指導者がファトワーで核開発が宗教的罪であるということを繰り返しても、それを鵜呑みにせず、SVR（露対外諜報庁）やGRU（軍参謀本部諜報総局）が徹底的にイランの核疑惑に関する情報を収集し、分析しています。

ロシアもイランが核爆弾製造に向けて国際社会を欺いていると認識しています。ただし、イランの核の標的が近未来にロシアに向けられる可能性はないので、当面、イランとのパイプを維持し外交的カードを強化し、原子力協力で外貨を獲得するという利己的でシニカル（冷笑的）な外交を行なっています。

強い姿勢のカナダの論拠

現在、イランに対してもっとも正しい姿勢で臨んでいるのはカナダです。

〈カナダ、イランと国交断絶状態に

カナダのベアード外相は七日、在イラン大使館の即時閉鎖を指示し、カナダにいるイラン外交官に対し、五日以内の国外退去を命じた。両国は、国交断絶状態に入る。

理由として、イランによるシリアのアサド政権への軍事援助、核開発に関する国連決議の無視、イスラエルへの敵対などを挙げ、「世界の安全保障に最も深刻な脅威」と述べた。また、イランを「テロ支援国家」として正式に位置づけた。

「イランはウィーン条約を軽視し、同国内のカナダ外交官の身の安全を保証できない」と外相は述べ、テヘランの英国大使館に昨年十一月、学生らが押し入った事件も影響していることを示唆したが、この時期に国交断絶に踏み切った理由については明らかになっていない。（ニューヨーク＝真鍋弘樹）〉（九月八日付、朝日新聞デジタル）

カナダは、決して米国の外交政策に追随しているわけではありません。特に対人地雷規制をはじめとする軍縮問題で、カナダは米国を厳しく批判しています。カナダは、イランの脅威を等身大で認識しているので、事実上の国交断絶を決断したのです。日本もカナダの対イラン外交から学ぶべきところが多々あると思います。

（二〇一二年九月二十一日脱稿）

20話　孫崎享・元外務省国際情報局長のイラン観について

Z君、神学の勉強は進んでいますか。十九世紀ドイツの無神論哲学者フォイエルバッハは、「神学の本質は人間学である」と述べました。フォイエルバッハの無神論は間違えていますが、「神学の本質は人間学である」という定義は正しいと私は考えます。それは神が、そのひとり子であるイエス・キリストをこの世に派遣したからです。イエス・キリストは真の神で真の人なので、神学するということは、人間について深く考える意味を必然的に持つことになります。

ここで重要なのは、事柄の本質を徹底的に掘り下げて考えることです。真理は具体的です。

最近、ガザをめぐりイスラエルとパレスチナの関係が緊張しています。

ハマスの背後にイラン

〈イスラエルによる今回のパレスチナ自治区ガザ地区への大規模空爆は、ガザを実効支配するイスラム原理主義組織ハマスなどの攻撃が直接の引き金となったが、イランからの支援でハマスが増強を進めてきた新型ロケット弾などの軍備を無力化することも目的として指摘されている。

しかし、地上侵攻に踏み切ってイスラエル側の被害が拡大すれば、来年一月に総選挙を控えた同国のネタニヤフ政権に政治的打撃となる可能性は高い。後ろ盾である米国からも停戦圧力が強まる中、同首相もジレンマを抱えている。

ハマスは今回、イラン製「ファジュル5」と、同国の協力で開発した「M75」の二種類のロケット弾を初めて本格使用。いずれの射程も七〇キロ超と従来のものより長く、攻撃対象はイスラエル経済の中心地テルアビブや同国が首都と主張するエルサレムまで拡大した。

これらは、イランからスーダンやエジプト経由でガザに密輸されているとの見方が有力だ。十九日付の国際紙インターナショナル・ヘラルド・トリビューンによると、空爆前の時点でハマスは一〇〇〇発程度を保有。多くは空爆で破壊されたとみられているが、完全な無力化には地上での発射基地捜索や破壊が不可欠とされている。〉（二〇一二年十一月二十日、MSN産経ニュース）

事態が緊迫化したのは、ガザ地区を実効支配するイスラーム原理主義過激派のハマスがイスラエルに対するテロ活動を強化したからです。特にハマスをイランが組織的に支援していることが問題の根源にあります。このことを考えずに現象面だけでイスラエルの行動を非難するのは間違えています。しかし、日本の有識者にパレスチナに同情的な人が多いためにマスメディアの報道も、ハマスやイランの危険性を過小評価するようになっています。これは日本の安全保障にとって危険です。

孫崎さんの認識の危険性

この関連で私は、外務省国際情報局長、防衛大学校教授をつとめ、ツイッターでの激しい発信で有名になり、最近はテレビにもよく出演している孫崎享さんが何を述べるかについて注視しています。

Z君が先日私に『戦後史の正体』を書いた「孫崎さんはどういう人か」と尋ねたのに対して、「僕は孫崎さんと一緒に仕事をしたので、あの人がどういう人かはよく知っている。現在のような米国からの自立を説くようなことは一度もなかったね。米国のCIA（中央情報局）におもねる人で、インテリジェンスの規律に反することを何度もしたので、ひどく迷惑した」と答えたことを覚えていると思います。しかし、踏み込んだ話はしませんでした。孫崎さんは、〈少しでも歴史の勉強をすると、国際政治のかなりの部分が謀略によって動いていることがわかります。〉（孫崎享『戦後史の正体』創元社、二〇一二年、十一頁）と述べています。私もそれなりに歴史を勉強してきましたし、インテリジェンスの経験は、少なくとも孫崎さんよりは積んでいると自負しています。この点について、私は孫崎さんと公開の場で議論する用意があります。私は、歴史の勉強、インテリジェンスの経験の双方を踏まえた上で、「国際政治のかなりの部分が謀略によって動いている」という孫崎さんの認識に同意しません。国際政治は複雑系なので、その全体を制御できるような謀略工学は存在しません。謀略史観は、政策判断を歪めるので危険です。

孫崎さんは、〈現在の外務省にもまた、機を見るに敏、事大主義（自分の信念をもたず、支配的な勢力や風潮に迎合して自己保身を図ろうとする態度・考え方）、主流から外れた人への異常な冷淡さが強く存在しています。〉（前掲書五〇頁）と述べていますが、まさに孫崎さんが、事大主義者だったというのが私の認識です。あるときまで、孫崎さんは米国を最重視する事大主義者でした。現在は中国を過大評価する事大主義に陥っています。しかし、私が見るところ、孫崎さんの最大の問題は、イランに対する事大主義です。孫崎さんのイラン観が現実の日本外交に影響を与えるようになるとわが国益に大きな害を与えると私は危惧しています。孫崎さんは、日本が米国に従属している証拠として、イラン問題について取り上げ、こう述べています。

ハタミ大統領招待の問題点

〈私が外務省にいたときも、「自主」と「対米追随」をめぐる問題に、しばしば直面しました。なかでも最大の問題は、イランの油田開発に関するものでした。

私は一九九九年から二〇〇二年まで、駐イラン大使をつとめました。そのときもっとも頭を使ったのは米国との関係です。つまり日本がみずからの国益から判断して選択した対イラン政策と、米国の対イラン政策を、どう調和させていくかということです。

国内に資源のない日本は、エネルギーを海外に依存しています。ですから産油国のイランと緊密な関係を確立したいというのは当然の願いです。そうした流れのなかで、イランのハタミ大統領を日本に招待するという計画がもちあがりました。招待を決めたのは当時の高村外務大臣です。私の役目は駐イラン大使として、その実現に向けてイラン側と折衝することでした。

しかしその後、発案者の高村大臣が内閣改造で外務省を去ります。ここで外務省内の風向きが変わりました。米国からの圧力によって、日本はハタミ大統領を招待するような親イラン政策をとるべきでないという空気がしだいに強くなったのです。〉（前掲書六〜七頁）

当時、外務省内で、ハタミ大統領招待の動きに対する批判が強まったのは事実です。しかし、それを米国からの圧力に還元してしまうのは間違いです。改革派の看板を掲げるハタミ大統領も、核兵器と弾道ミサイルなどの大量破壊兵器開発によりイランを大国にするという政策を推進していたからイランに対する批判が強まったのです。特にイランの弾道ミサイル「シャハブ３」が北朝鮮の弾道ミサイル「ノドン２」のコピーであることは、インテリジェンス関係者の間でよく知られていました。私も日本は親イラン政策をとるべきでないと積極的に主張しました。これは米国の圧力によるものではなく、日本を愛する外交官として、自らの判断で行なったものです。ちなみに政界では、イランに対して厳しい姿勢で臨むべきと強く主張したのが鈴木宗男さんでした。そのため鈴木さんと自民党内の親イラン派政治家との関係が緊張しました。

アゼデガン油田開発の間違い

孫崎さんが、このとき親イラン派の政治家を通じてロビー活動をしたことについて、自ら認め、こう述べています。

〈けれども私も官僚として長年仕事をしてきましたので、物事を動かすためのそれなりのノウハウをもっています。それらを総動員し、なんとかハタミ大統領の訪日にこぎつけました。このときハタミ大統領訪日の一環として、日本はイランのアザデガン油田の開発権を得ることになったのです。この油田の推定埋蔵量は、二六〇億バレルという世界最大規模を誇ります。非常に大きな経済上、外交上の成果でした。〉（前掲書七頁）

日本がアザデガン油田の開発権を得たことは、孫崎さんにとっては大きな成果だったのでしょうが、私は大きな間違いと認識しました。それは、日本がアザデガン油田に投資することにより、イランは予算を大量破壊兵器開発により多く回すことができるようになったからです。そして、それが北朝鮮の核兵器と弾道ミサイルの開発を間接的に支援することになったからです。それですから、アザデガン油田開発には、いずれストップがかかると私は見ていました。そして二〇一〇年に私の予測どおり、日本はアザデガン油田開発から手を引きました。この経緯に関する孫崎さんの主張を見てみましょう。

〈しかし、イランと敵対的な関係にあった米国は、

「日本がイランと関係を緊密にするのはけしからん、アザデガン油田の開発に協力するのはやめるべきだ」

と、さらに圧力をかけてきました。日本側もなんとか圧力をかわそうと努力しましたが、結局最後は開発権を放棄することになりました。

もし、日本がみずからの国益を中心に考えたとき、アザデガン油田の開発権を放棄するなどという選択は絶対にありえません。エネルギー政策上、のどから手が出るほどほしいものだからです。しかし米国からの圧力は強く、結局日本はこの貴重な権益を放棄させられてしまったのです。その後、日本が放棄したアザデガン油田の開発権は中国が手に入れました。

私がかつてイランのラフサンジャニ元大統領と話をしたとき、彼が、

「米国は馬鹿だ。日本に圧力をかければ、漁夫の利を得るのは中国とロシアだ。米国と敵対する中国とロシアの立場を強くし、逆に同盟国である日本の立場を弱めてどうするのだ」

といっていたことがありますが、まさにその予言どおりの展開です。アザデガン油田の開発権という外交上の成功は、結局、米国の圧力の前に屈したのです。

「なぜ日本はこうも米国の圧力に弱いのだろう」

この問いは、私の外務省時代を通じて、つねにつきまとった疑問でもありました。〉（前掲書七～八頁）

繰り返しますが、アザデガン油田開発から日本が手を引いた理由は、国際世論に抗してイランが大量破壊兵器開発を進めたからです。もちろん米国からの要請もありましたが、イランが核開発により踏み込み、ウラン濃縮を本格化させたという事情があるわけですから、この制裁強化の要求は正当です。

朝日新聞の社説ですら、撤退を容認

アザデガン油田から日本が撤退したことに関し、二〇一〇年十月四日付朝日新聞朝刊の社説はこう記しています。

〈日本のエネルギー安全保障には開発で主導権を持つ「日の丸油田」が必須、としてきた政策が転機を迎えた。イランのアザデガン油田から日本企業が完全撤退する方針を固めたことはその象徴である。

二〇〇四年に欧州勢や中国との競争に勝ち、世界最大級とされるこの油田の権益の七五％を国際石油開発（現国際石油開発帝石）が確保した。その後イランの核兵器開発疑惑で米国に配慮し、〇六年に権益を一〇％に縮小した。今回は制裁を強める米国の要請を受け、全面撤退となった。

撤退は残念だが、イランの核疑惑が晴れない以上、やむをえない。すでにアザデガン油田の意義は小さくなっていた。石油消費が減少に向かっている国内情勢や将来の低炭素社会も考えて冷静に受け止め、今後のエネルギー戦略に生かすべきだ。

今後は共同開発などで石油をめぐる情報を確保しつつ、資源を融通し合う国際ネットワークの一員としての資格を得るようにしたい。そのためにエネルギー関連技術や資金を活用し、産油国との連携を深めることが必要だ。

天然ガスや自然エネルギーの活用を含む多角的なエネルギー開発を加速させることも大切である。そうした努力を続けてこそ、グローバルな時代の資源市場の機能を維持するために、日本が貢献できる道が見えてくる。

中東での独自外交の立て直しも、今回の撤退に示された厳しい状況を踏まえて進めたい。

イランは日本にとって第四の原油供給国であり、一九七九年のイスラム革命後に米国とイランが国交断絶した後も、日本は友好関係をつないできた。しかし、これまでの日本の外交は、イランの核問題に対して何ら有効な影響力を持ち得なかった。

米国は今夏、ロシアの国営原子力企業がイランで原子炉を稼働させることを認めた。それと対照的に日本に撤退を求めたことは、日本の独自外交の限界の表れでもある。〉

朝日新聞は、日本の対イラン独自外交を評価する論陣を張ってきました。その朝日新聞が「撤退は残念だが、イランの核疑惑が晴れない以上、やむをえない」と社論で述べるほど、イランの大量破壊兵器開発は深刻な問題です。

孫崎さんは、外務省でインテリジェンス部門の責任者である国際情報局長であることをマスメディアや論壇で強調しています。しかし、何かこの分野で、貴重な情報を入手し、日本の国益に貢献したとか、あるいは卓越した分析で、国際的なインテリジェンス・コミュニティーで評価されるような実績をあげたことがあるのでしょうか。私はそのような話を聞いたことがありません。

いずれにせよ、日本のアザデガン油田からの撤退について語るときに、イランの核兵器、弾道ミサイルの開発について一言も言及しない孫崎さんの姿勢は不当です。

（二〇一二年十一月二十一日脱稿）

21話　北朝鮮によるシリア核開発支援にイスラエルはどう対処

Z君、勉強は順調に進んでいますか。プロテスタント神学の場合、英語、ドイツ語だけでなく、ヘブライ語、アラム語、古典ギリシア語、コイネー（共通）ギリシア語（新約聖書で用いられているギリシア語）、ラテン語などの古典語の勉強をしなくてはなりません。さらに哲学の基本知識も必要です。この準備過程で疲れてしまい、神学の面白さを知る前に、神学的関心を失ってしまう学生が多いように思えます。同志社の神学部は、図書室も充実していますし、先生方もそれぞれの分野で業績を残している立派な人たちです。神学研究を途中であきらめてしまわずに、大いに同志社大学を活用することを勧めます。

それとともに、キリスト教はユダヤ教から生まれたという原点を忘れないで欲しいのです。幸い、同志社の神学生たちは「みるとす」をよく読んでいるということなので、安心していま す。日本の新聞だけを読んでいると、イスラエルに対する偏見ができてしまいます。その結果、キリスト教とユダヤ教の連続性を軽視してしまう危険があります。真理は具体的ですので、具体的な事案に則して私の考えを述べます。

パレスチナ「オブザーバー国家」案

まずは、国連におけるパレスチナの取り扱いについてです。二〇一二年十一月二十九日（日本時間三十日）、ニューヨークの国連総会で、パレスチナが持つ国連の参加条件を「オブザーバー機構」から「オブザーバー国家」に格上げする決議案を賛成一三八、反対九、棄権四一で採択しました。日本は、中国、ロシア、フランスなどとともに賛成票を投じたのに対し、米国、イスラエル、カナダ、チェコなどが反対票を投じました。英国、ドイツなどが棄権に回りました。ＥＵ（欧州連合）内では、フランスが賛成、チェコが反対、ドイツが棄権と立場が分かれました。チェコ政府は、勇気ある決断をしました。

巷では日本外交は、米国に追従しているという批判がよくなされますが、パレスチナ問題をめぐって、日本は独自性を強く打ち出しています。しかし、その独自性が日本の国益を損ねていると私は考えます。外務省のアラブスクール（アラビア語を研修し、中東外交に従事することが多い外交官の語学閥）の一部にエジプトやシリアで語学研修したときに研修地の人々が持つ反イスラエル感情に過剰に同化する傾向があります。外務省幹部や外務大臣、副大臣などの政治家の中東外交に対する関心が低いと、こういう一部専門家の意見がそのまま日本政府の立場になってしまいます。

宮家邦彦氏の見解

外務省のイスラエル・パレスチナ関係に関するピントがずれていることについて、元外交官で外務省の中東第一課長、日米安全保障課長をつとめた宮家邦彦氏（キャノングローバル戦略研究所研究主幹）が二〇一二年十一月二十九日付産経新聞で、こう述べています。

〈日本の一部中東専門家も的外れなコメントを繰り返す。やれ、オバマ大統領と折り合いの悪いネタニヤフ首相がイスラエル総選挙前に軍事強硬策に出た、とか。ハマスはイスラエルとの永続的停戦を模索していたのに、等々。どうも昔の発想から抜け出ていない。

その象徴が十五日の外務報道官談話だ。ガザ情勢を「深く憂慮」し、双方に「最大限の自制」を求め、「交渉と相互信頼」による解決を促すという。筆者は一九六〇～七〇年代に作られた外務報道官談話をふと思い出した。まだこんな表現を使っているのかと驚いた。

欧米諸国の反応はちょっと違う。十六日、オバマ大統領はネタニヤフ首相に「イスラエルが自衛する権利を支持する」と述べた。同様の声明は英仏加豪からも出ている。EUのアシュトン外交安保上級代表に至っては「ハマスのロケット攻撃を非難」すると述べた。

日本のマスコミは「ガザで民間人犠牲」「誤爆で子供が死亡」「イスラエルの過剰反応」にばかり注目するが、事実関係だけは明確にしておいた方がよい。今回挑発したのは、動機は不明ながら明らかにハマス側のようであり、欧米各国の声明もそれが前提だ。

十日からイスラエルの空爆開始まで、既に一〇〇発以上のロケットがイスラエル民間人居住地域に無差別に発射された。しかも、全体で一五〇〇〇発以上のロケットの多くはイランがハマスに供与したものであることを、驚くなかれイラン政府が公式に確認している。

イスラエル側の死者が少ないのは「アイアンドーム」という防衛システムがロケットを迎撃したからだ。ガザの武装組織はあえて人口密集地に潜むため、誤爆が生ずる可能性は高い。実際、ガザからのロケット誤射でパレスチナ人民間人にも犠牲者が出ている。〉

ハマスを支援するイラン

私も宮家氏と認識を共有します。イスラエルとパレスチナの関係が緊張している原因は、イランがパレスチナのガザ地区を支配しているイスラーム原理主義過激派のテロ活動に対する支援を強めているからです。この経緯について、ロネン・バーグマンはこう述べます。

〈長年、ハマスは情報交換以外では、イランと距離を置いていた。指導者のシーク・アハマッド・ヤシンができるかぎり募金の合法性を維持し、また他から影響を受けない独立した状態にしておきたいと考えたからだった。そのため彼はハマスの行動はすべてイスラエルのパレスチナ占領に対する闘争の一部であるように見せていた。ヒズボラとイランは熱心に彼を説得しようとしたが、丁重に断られた。

「われわれは何とかやっていける。感謝はするが」

とヤシンとその仲間たちは言い、世界中のシンパから数百万ドルの募金を集め続けた。

二〇〇四年初頭、ヤシンがイスラエルによって暗殺されると、ハマスはイランとヒズボラからの援助を受け入れ始めた。シンベト（引用者註・総合保安局、イスラエルのカウンターインテリジェンス機関）とイスラエル国防軍はハマスへの圧力を強めていった。そしてダマスカスとテヘラン在住の者だが、海外にいるハマスの亡命指導者たちが占領地にいるリーダーに代わって影響力を強めていった。イランとヒズボラからの資金や兵站支援は彼らを通じて行われていたからである。〉（ロネン・バーグマン〔佐藤優監訳／川合洋一郎訳〕『シークレット・ウォーズ　イランvsモサド・CIAの30年戦争』並木書房、二〇一二年、三八一〜三八二頁）

国連がパレスチナの地位を「オブザーバー国家」に格上げしたことにより、ハマスやイランは勢いづき、テロ活動を強めています。イスラエルはヨルダン川西岸の入植地を拡大してハマスの脅威に対抗しようとしています。このようなイスラエルの反応が、ハマスを刺激し、パレスチナ情勢は一層悪化するでしょう。

この問題の解決は、イスラエルとパレスチナの直接交渉によってしかできません。この交渉を可能にするためには、パレスチナ自治政府のアッバス議長が、ハマスのテロ活動を停止させなくてはなりません。しかし、アッバス議長は、ハマスに阿るような政策を展開しています。

国連決議の結果を受けて、ハマスは勢いづいています。二〇一二年十二月九日の露国営ラジオ「ロシアの声」が興味深いニュースを報じました。

〈ハマス：イスラエルを承認しない

イスラム原理主義組織ハマスのマシャル政治局長は八日、イスラエルに領土を割譲することはなく、ユダヤ人国家も承認しないとの声明を表した。

マシャル政治局長は、ガザ地区で開かれたハマス創設二十五周年の記念集会で、「地中海からヨルダン川までのパレスチナは、我々の土地であり、一インチも譲ることはできない。我々は、パレスチナの合法的占領も、イスラエルを承認することもできない。」と述べた。

マシャル政治局長は、四十五年ぶりにガザ地区を訪れた。マシャル政治局長は一九五六年、ヨルダン川西岸で生まれたが、一九六七年の六日間戦争の後、家族と共にパレスチナを後にした。その後、マシャル政治局長は、クウェート、ヨルダン、シリア、カイロで生活していた。〉（十二月九日、「ロシアの声」日本語版ＨＰ）

ハマスは、イスラエルの生存権を認めていません。そして、テロによってユダヤ人をパレスチナから放逐することを追求しています。このような勢力を強化する結果をもたらす今回の国連決議は、大きな間違いです。パレスチナ問題について日本は米国との連携を強め、ハマスに対するイランの支援を阻止する方向に向けた外交努力を行なうべきです。

日本の中東政策の危険

日本では、民主党から自民党・公明党への政権再交代が起きましたが、外交においては、米国、中国、韓国に対する対応で手一杯であるというのが実態です。さらに北朝鮮、ロシアとの外交も優先度が高いです。安倍政権が中東外交に従事する余裕はなかなかでてこないと思います。そうなると、実態として外務官僚に「丸投げ」することになります。その結果、親イラン、親パレスチナ的な外務官僚によって日本の中東政策が決められてしまう危険があります。この危険をどう阻止するかが、論壇人としての私にとって重要な課題になります。

安倍政権は、日本のインテリジェンス機能を強化しようとしています。その点でも、イスラエルから学べることがたくさんあります。今年に入ってすぐマイケル・バー＝ゾウハー／ニシム・ミシャル（上野元美訳）『モサド・ファイル　イスラエル最強スパイ列伝』（早川書房、二〇一三年）が上梓されました。とてもよい本です。

モサド（イスラエル諜報特務庁）に関するノンフィクションは、たくさんあります。ミルトスから出されたサミュエル・カッツ（滝川義人訳）『モサッドは応戦する――イスラエルの対テロ戦争の全貌』（一九九二年）は古典的名著ですので、Z君も是非読んで欲しいと思います。『モサド・ファイル』は、最新のインテリジェンスの動向を伝えています。具体的には、序文「ライオンの巣穴に一人で飛び込む」、第1章「テヘランの葬儀」、第18章「北朝鮮より愛を込めて」、第19章「午後の愛と死」、第20章「カメラは回っていた」、終章「イランと戦争か？」が、過去十年のモサドのインテリジェンス活動について、詳しい情報を提供しているので、興味深いです。

日本にとって重要なのは、北朝鮮によるシリアに対する核開発支援が発覚したきっかけに関する以下の記述です。

シリアの核開発と北朝鮮

〈二〇〇七年七月のある日のロンドンは、気持ちのよい夕べを迎えていた。ケンジントン地区にあるホテルの部屋から、一人の宿泊客が出てきた。その男は、エレベーターでロビーへおり、入口で待つ車に乗りこんだ。その日の午後、ダマスカスから到着したばかりの、シリア政府高官だった。そして彼は会合に向かった。

彼が回転ドアを出るやいなや、ロビーの隅の肘掛け椅子から、二人の男が立ちあがった。二人は、まったく迷いなく通路を進んでさっきのシリア人の部屋へ行き、電子装置を使って中へ入った。系統だてて室内を捜索するつもりであったにもかかわらず、作業は簡単だった。ラップトップ・コンピューターは、デスクの上にあったのだ。スイッチを入れ《トロイの木馬》の高性能版ソフトウエアをインストールした。そのプログラムで、コンピューターのメモリに保存されているファイルを、遠隔操作で監視し、コピーすることができる。二人は作業を終えて、だれにも気づかれずにホテルをあとにした。

テルアビブのモサド本部で、コンピューターのファイルを調べた分析官は、唖然として言葉もなかった。各部門の長を集めた緊急会議がひらかれ、非常に貴重な情報を入手したことが報告された。収集されたファイル、写真、スケッチ、文書などにより、シリアの最高機密の核開発計画が初めて明らかになった。一級の資料の中に砂漠の遠隔地における原子炉建設計画が含まれていた。シリア政府と北朝鮮政府高官との往復書簡。コンクリート製の容器内部の原子炉の写真。別の写真には、男が二人写っていた――北朝鮮の核プロジェクトを担当する高官と、シリア原子力エネルギー委員長、イブラヒム・オスマンである。〉（『モサド・ファイル』三五八〜三五九頁）

モサドは、ヒュミントとサイバーインテリジェンスの結合で大きな成果をあげました。そして二〇〇七年九月六日未明、イスラエル空軍機がユーフラテス川付近のデイル・アル・ズーに建設中だった原子炉を空対地ミサイルで爆破したのです。

さらに二〇〇八年八月二日にシリアのアサド大統領の側近で、核開発に深く関与していたムハンマド・スレイマン国防担当補佐官をモサドの工作員が暗殺しました。イスラエルは、文字どおりあらゆる手段を用いて、自国に対する脅威を除去したのです。

国際社会は新帝国主義化

二〇一三年は、国際社会における新帝国主義傾向が一層強まります。十九世紀末から二十世紀初頭の古い帝国主義国は、植民地獲得をめぐって戦争を行ないました。新帝国主義国は、植民地を求めません。それは、植民地を維持するコストがかかり、帝国主義国の国益に合致しないからです。また、核抑止力という「ゲームのルール」が守られている限り、新帝国主義国が相互に全面戦争を展開することもありません。しかし、外部からの搾取と収奪によって、自国の生き残りと繁栄を図るという帝国主義国の本性は、新帝国主義の時代になっても変化していません。

新帝国主義国は、相手の立場を考えずに、まず自国の要求を一方的に行ないます。相手国が怯み、国際社会も沈黙しているならば、新帝国主義国は強引な手法で自らの権益を拡大します。相手国が必死になって抵抗し、国際社会も「いくらなんでもやりすぎだ」という対応をすると、新帝国主義国は譲歩し、国際協調に転じます。もっともこれは、新帝国主義国が反省し、心を入れ替えたからではありません。これ以上、ごり押しすると反発を買い、結果として自国が損をすると冷静に計算した上で新帝国主義国は国際協調に転じるのです。

現在、中国が露骨な新帝国主義政策を展開しています。中国の脅威に対抗するためにも、日本のインテリジェンス能力を向上させなければなりません。この点で、安倍新政権がイスラエルとの関係を強化することに私は期待しています。

（二〇一三年一月十日脱稿）

22話　シリア情勢を巡る日本の独自外交

Z君、元気にしていますか。京都の秋は、勉学のために最高の季節です。私も仕事が少し落ち着いたら、京都に神学の勉強に専心するための仕事場をつくりたいと思っているのですが、実現はかなり先になりそうです。

さて、一三年九月十四日、スイスのジュネーブで、米国とロシアがシリアの化学兵器を国際管理下に置くことについて合意しました。

シリア合意の背景

この合意が成立した背景については、朝日新聞の大島隆記者の解説がよくまとまっています。

〈■米は迷走、思わぬ成果

《解説》米ロがシリアの化学兵器を国際管理下に置く枠組みで原則合意したことで、米国による対シリア攻撃の可能性は遠のいた。シリアの化学兵器廃棄という、当初は考えもしなかったゴールまで道筋をつけたことは画期的だ。国際社会のルールを守らせる各国の努力が、土壇場で成果の芽につながった形だ。

一発のミサイルも撃ち込まずに合意に達したことで、オバマ政権は「我々による攻撃の脅威があったから、ここまで来た」（ホワイトハウス高官）と砲艦外交の成果を誇る。だが、これはオバマ政権が当初から想定した結果には見えない。目立ったのは、むしろ迷走ぶりだ。

イラクとアフガニスタンでの二つの戦争を「終わらせる」と訴えて当選したオバマ大統領は、中東で紛争の泥沼に再びはまり込まないよう、シリア内戦に距離を置いた。最終的には化学兵器の無差別使用を受けて攻撃を決意したが、実施の前に議会の承認を求めた。「攻撃は限定的だ」と繰り返した姿は「戦争を終わらせる」という公約と「世界の警察官」としての役割の間で揺れていると映った。

米国では、アフガン、イラクと続いた戦争への嫌気と経済の低迷で国民の関心があまり国外に向かわなくなった。この「内向き志向」が、人道介入に慎重な世論や米議会の姿勢の背景にある。そんな米国の姿は、第二次世界大戦後の世界秩序を主導してきた大国の「疲れ」を世界に印象づけた。

今回はぎりぎりのところで米ロが合意に達し、規範と秩序を維持する国際社会の機能が働くことをかろうじて示した。だが今後の道のりには、国連安保理決議の採択や実効性のある移管・廃棄体制の構築などいくつものハードルがある。国際的な規範を守る取り組みはむしろこれからが本番だ。米国が各国と協調したうえで積極的な役割を果たせるかは、米国の対外的な信頼とともに、世界秩序の行方をも左右する。〉(九月十五日『朝日新聞デジタル』)

「レッドライン外交」を支持した日本

大島氏は、〈そんな米国の姿は、第二次世界大戦後の世界秩序を主導してきた大国の「疲れ」を世界に印象づけた。〉と表現していますが、これを私の言葉で言い換えると、東西冷戦終結後、米国が展開してきた「レッドライン外交」がもはや機能しなくなったということになります。

レッドラインとは、「この線を越えたら容赦しない」と米国が一方的に設定するルールのことです。過去、米国がレッドラインを越えたと判断したイラク、アフガニスタンなどは武力による制裁を受け、時の政権が打倒されました。米国が設定した「二〇%を超えるウラン濃縮を行なわない」というレッドラインをイランは遵守しています。この線を越えた場合、米国もしくはイスラエルが攻撃してくるとイラン指導部が認識しているから、イランは冒険に踏み出すことができないのです。

米国はシリアに対して化学兵器の使用がレッドラインであると警告しました。八月二十一日、シリアの首都ダマスカス近郊で化学兵器(報道によればサリン)が使用され、多数の死傷者が発生した。米国はシリア政府軍が化学兵器を使用したと断定し、空爆を行なおうとしたが、国際的反発を懸念して、妥協したのです。

　今回、ロシアのプーチン大統領は、九月五〜六日、ロシアのサンクトペテルブルクで行なわれたG20サミット（二十カ国・地域首脳外交）の場を最大限に活用して対米包囲網を形成し、米国によるシリアに対する一方的攻撃を阻止する流れを作りました。日本も事実上、ロシアと共同戦線を組みました。

　小泉純一郎政権後、日本政府は、米国のレッドライン外交を常に支持してきました。民主党の菅直人首相ですら、米特殊部隊によるパキスタンにおけるウサマ・ビン・ラディン殺害（現地時間二〇一一年五月二日）を無条件で支持しました。この作戦はパキスタン政府の事前了解を得ずに行なわれたので、国際法的には明確な主権侵害にあたります。それですからNATO（北大西洋条約機構）に加盟する米国の同盟国ですら、あからさまな支持はしませんでした。日本とイスラエルのみが突出して、米国のビン・ラディン殺害作戦を支持しました。私はこのときの日本政府の対応は正しかったと考えています。

安倍首相とシリア問題

　このような対米追従外交と一線を画する対応を安倍晋三首相は、シリア問題に関して行なないました。九月五日、ロシアのサンクトペテルブルグで行なわれた日米首脳会談において、安倍首相はオバマ大統領に「米国のシリア攻撃を支持する」という言質を与えませんでした。その主たる理由は、日本のマスメディアが報じているように、日本が米国のシリア空爆を支持すれば、九月七日にブエノスアイレス（アルゼンチン）で行なわれる国際オリンピック大会委員会（IOC）総会で、日本はアラブ諸国やイスラム諸国の反発を買って、東京が二〇二〇年夏季オリンピック開催地に選ばれる可能性が低くなることを懸念したからでしょう。

もっとも、その前の九月三日の電話会談でも安倍首相はオバマ大統領に〈「国連安全保障理事会の決議を得る努力も継続してほしい」とクギも刺した。外務省はロシアが賛同しないため安保理決議に触れるのに反対したが、首相が押し切った。〉（九月六日『朝日新聞デジタル』）ということなので、安倍首相にはシリア問題で独自外交を展開したいという思いが強いことは間違いありません。

さらに九月十日の電話会談で、安倍首相はプーチン露大統領に〈ロシアがシリア政府に対し化学兵器を国際管理下に置くよう提案したことについて「前向きなものと評価し、支持する。アサド政権の真摯な態度の有無を注視していく」と伝えた。首相がシリア情勢改善に向け「日本も積極的に参加し、貢献していく」とも伝えると、プーチン氏は「作業は難しいが、一定の進展がある」と語ったという。〉（九月十一日『朝日新聞デジタル』）ことです。

繰り返しますが、外交的には、ロシアの対米包囲網作りが成功しました。この過程で、日本が少なからぬ役割を果たしたのです。結果から見るならば、安倍首相の平和外交がジュネーブ合意を後押ししたことになります。問題は、日本の独自外交が戦略的に行なわれたのではなく、二〇二〇年五輪東京招致を目指す場当たり的対応が、結果として独自外交となったという現実です。

シリアの危険性

ここで私が懸念するのは、日本人がシリアのアサド政権の危険性を過小評価することです。シリアがサリンやＶＸガスなどの化学兵器を製造、貯蔵していることは、以前からインテリジェンス専門家の間では常識でした。今回、シリア政府も化学兵器を所蔵していることを公式に認めました。インテリジェンス専門家の見方は正しかったのです。

私は、米国政府が主張するアサド政権が化学兵器を用いたというのも事実と考えています。ただし、この化学兵器の使用が、アサド大統領の意志によって行なわれたのか、それともシリア軍において化学兵器の管理が一元的にできなくなっており、政府軍の一部が自らの判断で化学兵器を使用したのかは定かでありません。

いくらアサド政権が強権的でも自国民に対して化学兵器を使用することがあるのだろうか、というのが日本人が抱く、普通の疑問と思います。私は「十分ある」と考えています。

アラウィー派は別の宗教

アサド政権のエリートは、アラウィー派という特殊な宗教を信じる民族によって構成されています。日本の報道ではイスラム教シーア派とアラウィー派を説明する例が多いですが、この宗教にはキリスト教や土着の山岳宗教の要素も入っているので、独自宗教と見た方がいいと思います。大塚和夫他編『岩波　イスラーム辞典』（岩波書店、二〇〇二年）では、こういう説明がなされています。

〈アラウィー派

シーア派の一派。第四代カリフのアリーに従う人びとを意味するが、現在ではシリアのラタキヤ地方の山岳地帯に拠点を置き、トルコ南東部やレバノンにもそのコミュニティーが存在する。第一次大戦以前はおもにヌサイリー派と呼ばれた。

シリアでは人口の約一二％を占めるにすぎないが、バアス党や軍を事実上支配し政治的に大きな力をもち、アサド大統領一家もこの宗派の出身である。フランスの分割統治政策により一九二二年、地中海沿岸の諸都市とその山岳地帯（アラウィー山地）を中心としてアラウィー国（自治区）が誕生すると、これまで異端として断罪され周辺イスラーム社会から疎外されていたアラウィー派の政治参加が進んだ。シリアの独立後五二年にはシーア派としての裁判所を開設する承認をえる。バアス党内での勢力拡大、そして七一年のアサド政権の誕生もあって、七三年レバノンのシーア派イスラーム最高評議会議長のムーサー・サドルは、アラウィー派をシーア派として認定した。

ヌサイリー派の名称は、シーア派（十二イマーム派）十一代イマームのハサン・アスカリーの側近であったムハンマド・イブン・ムサイル（九世紀）に由来するといわれる。その教義についてはイスマーイール派の影響が強いといわれるが、キリスト教の教義やさらにシリアの土着宗教の伝統が混在していると考えられている。神はこれまで七回姿を現し、第四代カリフのアリーはその最後の姿であるとアリーを神格化したことに大きな特徴がある。マアナー（意味）＝アリーとしてそれと不可分のイスム（名前）＝ムハンマドとバーブ（門）＝サルマーン・ファーリスィーをともなって現れたという三位一体といえる信仰や、善人の魂は死後他の人間に受け継がれ、悪人の魂は獣などになるという霊魂の転生（タナースフ）の信仰等も特徴的なものである。アーシューラーも含め、イスラームの主要な祝日、またノウルーズ（新年）などに加え聖霊降臨祭をはじめとするキリスト教の祝日も祝われる。中心地は、アサド大統領の出身地でもあるクルダーハ。〉（七二頁）

冒頭で、「シーア派の一派」と規定されていますが、教義内容からすると、イスラームとは別の宗教と理解した方がいいと思います。一九七三年にレバノンのシーア派指導者が、「アラウィー派はシーア派である」と認定しました。この時点でシリアのアサド政権はレバノン内戦に介入して、レバノンのシーア派指導者に影響力を行使できる状態にありました。アラウィー派は、政治力を用いてシーア派の地位を獲得したのです。しかし、アラウィー派の宗教的内在論理はイスラーム教ではありません。この宗教がアサド大統領をはじめとする現シリア政権エリートと固く結びついているのです。

シリアには民族同胞意識なし

アサド政権はシリア全域をもはや実効支配することができていません。しかし、北西部のアラウィー派の拠点地域ではアサド政権の基盤は盤石です。シリアの総人口の約一二パーセントを占めるに過ぎないアラウィー派が権力を独占しているのは、かつてフランスがこの地域を支配していたときにアラウィー派を登用し、仏警察の手先として使ったからです。その関連で、シリアには、いまだシリア民族という同胞意識が育っていないのです。それだからアサド大統領派は、自国民に対して化学兵器を使用することを躊躇しません。

逆にシリアの反体制派も、アサドをはじめとするアラウィー派を同胞と見なしていません。それだから、シリア政府軍が化学兵器を管理できなくなり、それが流出した場合、反体制派もアサド大統領派に対して、化学兵器を使用することを躊躇しません。そうなるとシリアに化学兵器を用いた凄惨な内戦が展開されることになる。

「ゲームのルール」は崩れた

米英仏などは、化学兵器を使用した者に対しては直ちに攻撃がなされるという「ゲームのルール」を確立することを意図していました。従って、今回、米軍がシリアの攻撃を断念したことで、この「ゲームのルール」は崩れました。

シリアを米国が攻撃するシナリオは、当面避けられることになりました。これが地域情勢の安定と平和につながるのか、あるいは問題を先送りし、さらに悲惨な状況を生み出す原因になるのかについては、現時点では何も言えません。

日本の独自外交の影響

それと同時に、日本の独自外交が日米同盟に与える影響も心配です。シリアの化学兵器使用問題はオバマ政権にとって死活的に重要な案件です。本件に関して日本が米国の立場を無条件に支持しなかったことは、今後の日米関係に微妙な影響を与えることになります。オバマ政権は、「なぜ日本はわれわれを助けてくれないのか。果たして日本はわれわれと価値観を共有しているのだろうか」という不安感を強めたと思います。その結果、尖閣諸島をめぐる日中間の係争、慰安婦問題をめぐる日韓間の軋轢《あつれき》に関し、オバマ政権の姿勢が中韓寄りになる可能性がありますこのようなシナリオを防ぐ方策を外務省は今のうちに考えておくべきです。

（二〇一三年九月十八日脱稿）

V キリスト教神学生への手紙

23話　ある神学生への手紙 ――『トーラーの名において』の評価

先日、私が京都で講演をしたときには、足を運んでくれてどうもありがとうございます。ただし、イスラエルを一方的に非難するあなたの質問はいただけませんでした。あなたが、将来、牧師になるか、研究者になるか、あるいは民間企業につとめるようになるかは、わかりません。しかし、あなたが現在のような態度で、いくら本を読んでも、それによって知識も教養もつくことにはなりません。

まず、講演の質疑応答のときに、一方的な意見表明をすることは、公共圏のマナーに反します。あなたの質問は、質問ではなく、「状況についてはよく知らないけれど、イスラエルは絶対に悪い。シオニズムはユダヤ教ではない。ユダヤ人国家イスラエルというのは虚構だ」という意見表明をしたに過ぎません。あなたは、『『トーラーの名において』を読んで、そのとおりと思った」と言いましたが、あなたにはまだこの本を消化することができる神学的な基礎体力がありません。

この本の帯に、東京大学名誉教授の板垣雄三さんがこう書いていますね。
〈政治的公正の風向きの変化で危うさが目立つ国。シオニズムのユダヤ教僭称《せんしょう》／キリスト教のシオニズム化／のおかげで道義的検証を免れてきた軍事パワー。これを神への反逆と告発するユダヤ教思想、その諸潮流を照らしだす必読書〉

ちなみに板垣さんは、日本外務省と良好な関係をもつ学者です。板垣さんのようなイスラエルに対して強硬な姿勢をとる人の助言が、日本の中東政策に強い影響を与えました。その影響は現在も残っています。あなたは、板垣さんが帯に書いた文句を、あなた自身の頭で消化せずに、繰り返しているだけです。これは知的に誠実と言えない態度です。

この本を理解するためには、旧約聖書に関する知識、ユダヤ史、西洋史の知識とともに国際関係論の知識が必要となります。それとともに、ソ連当局が展開した「反シオニスト運動」に関する知識も必要です。この運動は、ソ連に在住するユダヤ人をKGB（国家保安委員会）が組織して、ユダヤ人のイスラエルへの出国を阻止することを目的としました。ソ連崩壊の過程で、ロシアの民主派の人々は、ユダヤ人のイスラエルへの出国問題を正面からとりあげました。百科事典で、「ソ連水爆の父」と呼ばれたアンドレイ・サハロフ博士について調べてみましょう。サハロフ博士がなぜ、ソ連の人権問題として、ユダヤ人の出国をあれほど重視したかについて、考えてみましょう。『トーラーの名において』の著者ヤコブ・ラブキン氏は、一九四五年にソ連のレニングラードで生まれ、レニングラード国立大学で化学を専攻したとのことです。一九七〇年代初頭にソ連を離れたようです。ラブキン氏のようなイスラエル観は、私にとって珍しくありません。ソ連の「反シオニスト運動」関連文献で、この種の話を山ほど読んだからです。

日本語出版の隠れた意図

ラブキン氏は、『トーラーの名において』の日本語版序文にこんなことを書いています。

〈シオニストによるパレスティナ植民地化に熱狂的な支持の姿勢を示したのは、主としてプロテスタントのキリスト教徒たちでした。日本において、シオニスト国家をもっとも持続的に支持してきたのは、おそらく「キリストの幕屋」運動でしょう。その創始者、手島郁郎（一九一〇〜七三年）も、やはり、遡れば内村鑑三に行き着くキリスト教イデオロギーの潮流に連なる人物でした。〉（九頁）

あなたは、「キリスト教イデオロギー」という言葉の意味がわかりますか？　私にはまったくわかりません。私は長老派の日本キリスト教会で洗礼を受け、その後、日本基督教団に転会しました。同志社大学神学部は、日本基督教団の認可神学校でもあります。神学部の先生でも、日本基督教団や日本キリスト教会の牧師でも、キリスト教をイデオロギーと考えている人は一人もいないと思います。重要なのはラブキン氏がキリスト教をイデオロギーと見なしていることです。

ラブキン氏は続けてこう述べます。

〈同時に、日本においては、シオニズム綱領の現実化にともなって世界の四隅に分散を余儀なくされたパレスティナ人たちとの連帯を掲げる運動も多岐にわたっています。これらの運動は、多くの場合、アメリカの強大な覇権から身を振りほどこうとする動きと連動して、日本社会のさまざまな層に支持者、賛同者を見出しています。

日本が西アジアの一帯に関心を抱くのは、また、実践的な理由からも理に適ったことというべきでしょう。日本を動かしているエネルギー源の大部分はこの地帯一帯で産出されたものです。イスラエル＝パレスティナ戦争は、すでに一世紀以上にもわたって同地域を不安定化し、国際関係を険悪化させてきました。そこに起因する騒擾《そうじょう》は、決して日本と日本人を蚊帳の外に置くものではありません。〉（九〜一〇頁）

ここに『トーラーの名において』の日本語版が刊行される意図が端的に記されています。化石燃料の大部分を中東に依存する日本にとって、イスラエル・パレスチナ紛争は死活的に重要なので、この問題について道義的に正しいパレスチナ側につけ、ということです。

私は、外務省で長い間インテリジェンスの仕事についていました。学術書の体裁で、特定の陣営に有利な状況をつくり出すためのインテリジェンス工作はよくあることです。本書は少し手が込んでいますが、ユダヤ人、イスラエルに対して好感をもつ日本のキリスト教徒（特にプロテスタント）を標的に、反イスラエル感情を醸成することを目的としています。そういうテキストとして、宗教と政治謀略に関するテーマを扱う演習の際の資料としては面白いと思います。しかし、本書でユダヤ教やユダヤ人とイスラエルの歴史について学ぶことはできません。旧約聖書学を担当する神学部の先生に、どの本をどういう順番で読んだらよいか、きちんとした指導を受けましょう。

それから、聖書を虚心坦懐に読むことが重要です。まず、旧約聖書を日本聖書協会から刊行されている新共同訳で通読しましょう。その後、一昔前の標準的翻訳だった日本聖書協会の口語訳聖書を通読しましょう。神学部では、ヘブライ語の授業があります。それをとってきちんと勉強するとともにヘブライ語で聖書を読むことに挑戦するのです。私も「ベレシート・バラー・エロヒーム……」と野本真也先生（現学校法人同志社理事長）の授業で、創世記を読みました。私が神学生の時代には刊行されていませんでしたが、現在はミルトス・ヘブライ文化研究所から、「ヘブライ語聖書対訳シリーズ」が刊行されています。そのシリーズから『創世記Ⅰ』（ミルトス、一九九〇年）を買って、勉強するのです。カナ表記の発音、逐語訳、文法事項の説明がなされているので、とても有益です。神学生としてやらなくてはならないのは、基礎力をつけることです。

私が大学生の頃は、まだ学生運動の余波がありました。思想的な訓練を受けていない学生に、極端な立場から書かれた本を勧め、実践運動に誘おうとする左翼教師もいました。幸い、神学部にそういう教師はいなかったので、よかったのですが、こういう政治づいた教師に振り回されると学生の可能性が極端に狭められてしまいます。そしてこういう教師が賞賛するような実践運動なるものが、現実の政治や社会に影響を与えることがない実につまらないものであるということに数年経てば誰でも気づきます。しかし、若い、学生の間にそのようなことに時間を費やすのは人生の無駄に過ぎません。それだけでなく、未熟な思想で社会と世界を断罪する癖がついてしまうと、その後の知的、人格的成長に悪影響を与えます。イスラムを研究する教師があなたに『トーラーの名において』を勧めたと聞きましたが、私は、ユダヤ教やキリスト教に関する知識がまったくない神学部の一年生にこの本を「まず読め」と勧めた人の教育的良心に対して疑念をもちます。

テロの脅威

あなたは、『トーラーの名において』を一生懸命読みました。そして、この内容がシオニズムとイスラエルの真実と思い込んでいます。これは、間違いです。例えば、イスラエルが受けるテロ攻撃について、『トーラーの名において』において、次のようなことが書かれています。

〈シオニズムの判型に沿ってユダヤ史に自己を同一化させることは、最終的に、犠牲者としての自己イメージを補強することを意味する。そして、「エイン・ブレーラー（ほかに選択の余地がない、仕方がない）」の一句が、ここでは、イスラエル政府がみずからの軍事行動を正当化するための常套句として用いられるのだ。国際世論の場でも、数多くのユダヤ人団体が、イスラエルの軍事行動を支持しながらその常套句を鸚鵡《おうむ》返しに繰り返す。さらに、アラブ側のメディアの大半が反ユダヤ主義の紋切り型に依存していることも手伝って、ユダヤ人に対する過去数世紀の迫害と、今現在、テロ攻撃、とりわけ自爆テロの危険に日々さらされているイスラエル人の寄る辺のなさとのあいだで情緒的な連関性がますます補強されてしまうのだ。〉(二一〇頁)

テロの脅威、イランによる大量破壊兵器の攻撃の潜在的脅威にさらされているイスラエルの現状に対して、この見方はあまりにシニカル(冷笑的)です。私は、イスラエルの軍、情報機関の高官、学者たちと、外交官時代に仕事でとても親しく付き合いました。一部の人々とは今も関係が続いています。これらの人々は、イスラエル国家と世界のユダヤ人同胞を守るために、苦悩しています。イスラエル=パレスチナ対立のような問題について、局外者であるあなたたが、一方の側に立ち、反対側を断罪することは簡単です。しかし、そのような言葉には、知性も誠実さもありません。従って、説得力をもちません。

まず紛争を理解して

私は『トーラーの名において』を読む人に、あわせてアラン・ダーショウィッツ(滝川義人訳)『ケース・フォー・イスラエル　中東紛争の誤解と真実』(ミルトス、二〇一〇年)を読むことを勧めています。ダーショウィッツ氏は、米国のハーバード・ロースクール教授で、人権派弁護士です。以下の記述を読んでみてください。

〈イスラエルが平和を達成するには、強力な軍事力を維持すると共に、イスラエルとの二国共存を望むパレスチナ人を支援し、彼らの立場を強くすることが大事である。二国併存を一時的な戦術ではなく、一世紀に及ぶ問題の永続的解決として受け入れるパレスチナ人の声が、強くならなければならない。現在の世論調査では、ほとんどのパレスチナ人と多くのアラブが、パレスチナ国家の建設を、イスラエル撃滅の戦術的第一歩と見ている。しかし、あきらめてはいけない。時間と進歩がこの数字を変える。

イスラエルの存在そのものを拒否し、その非現実的ゴールに向かってイスラエルの国民を道連れに自爆する者が、今後も出るであろう。テロリズムがすべてなくなることはない。たといイスラエルがあらゆる手を尽して、しっかりしたパレスチナ国の建設を支援しても、テロは消滅しないだろう。イスラエルは、アメリカと同じように、今後も長期にわたって、一定のテロ発生数に耐えていかなければならないだろう。アフリカ系アメリカ人が、長い間KＫＫ団の暴力を耐え忍ばなければならなかったが、それと同じである。このKKK団はやっと死んだ（少なくとも生命維持装置は外れた）。パレスチナ人テロリズムも、いつの日か遅ればせながら死滅するだろう。しかし、パレスチナ人テロリズムは、KKK団がアメリカの人種主義者から得ている支援と比べ、パレスチナ及びイスラム過激派からずっと大きい支援を得ている。
安全保障を講じたイスラエルと併存する形で、パレスチナ国家を建設すべきであるが、パレスチナ人テロリズムの根絶を、前提条件にしてはならない。このような条件を課すことは、テロ集団に拒否権を与えることを意味する。平和に向け動きがみられると、テロで妨害し、動きをとめてしまう。これまでこの繰り返しであった。しかし、テロの根絶を条件にしないからといって、自治政府をはじめとするパレスチナ社会が、何もしなくてもよいということではない。誠実な取り組みが必要であり、全力をあげたテロ対策が国家建設の前提条件になる。〉（二九三〜二九四頁）

ラブキン氏の言説とダーショウィッツ氏の言説を虚心坦懐に比較検討してみましょう。どちらがイスラエル・パレスチナ紛争の現実を反映した見解であるか、新聞や歴史書、さらに国際関係の専門書をひもといて考えてみましょう。組織神学のキリスト教倫理学演習で取り上げるのによいテーマと思います。

あなたは、まだ神学部の一年生です。問題意識だけを先行させ、権威をもつと思われる人（例えば大学教授）の誘導をそのまま受け入れてはなりません。神学でも重要なのは自分の頭で考える習慣を身につけることです。

それでは、今日はこの辺で失礼します。

二〇一〇年八月某日　佐藤優

24話　あるキリスト教神学生からのメール――ユダヤ民族の否定について

前話に筆者は、「あるキリスト教神学生への手紙」と題する架空書簡を掲載した。現在、キリスト教会の一部において、ヤコブ・M・ラブキン（菅野賢治訳）『トーラーの名において シオニズムに対するユダヤ教の抵抗の歴史』（平凡社、二〇一〇年）が影響を広げつつあることを懸念したからだ。ラブキン氏の言説は、ソ連当局が行なった「ユダヤ人の手による反シオニズム」の変形だ。イスラエルに打撃を与えるために、ソ連時代に使い古された「ユダヤ人の手によるイスラエル攻撃」という政治的プロパガンダに有用性を見出だす人々が、再び策動し始めたに過ぎないと筆者は見ている。

しかし、懸念されるのは、キリスト教神学を学び始めた神学生たちが、ラブキンの言説が、あたかも欧米のアカデミズムで大きな影響をもっていると勘違いし、イスラエルに対する偏見を抱き始めていることだ。この傾向に警鐘を鳴らすために筆者は架空書簡という形態で、問題提起をした。これに対して、キリスト教関係者からさまざまな反応があった。いずれも筆者と懸念を共有する好意的反応だった。それとともに「みるとす」誌を同志社の神学生たちが熱心に読んでいることを知った。同誌に連載をもつ筆者としても、このことがとても嬉しい。

今回紹介するのは、同志社の神学生から送られてきた電子メールである。これに対する返信を書くことで、議論をより深めたいと思う。

神学生のメール

同志社大学神学部の学生からの電子メール（一部略）二〇一〇年九月某日
このたびは「みるとす」（二〇一〇年八月号）の連載記事を読ませていただきました。わざわざこのような文章を書いてくださり、誠に感謝します。

私の方から一つお伝えさせていただくと、私が講演の質疑応答で意見表明をしたとのことですが、あの質問をしたのは私ではありません。

私がさせていただいたのは、「『ユダヤ人の起源』（シュロモー・サンド著）と『トーラーの名において』（ヤコブ・ラブキン著）が欧米において売れているとのことですが、このことについて佐藤氏はどのように思われますか」という内容のものです。

さすがにあのようなぶしつけな質問はしておりません。

ちなみに私はあの講演の前に、『ユダヤ人の起源』の方を一回通読しておりました。

シオニズムには十九世紀の人種主義やナショナリズムが混ざっている、それまではユダヤ教を信じる者をユダヤ人と呼んでいたのを、シオニストはナショナリズムをもとに民族としての

「ユダヤ人」を作り上げたと述べられています。さらに旧約聖書の内容と史実の違いについて論じられており、ディアスポラについても、ユダヤ教サイドの布教の結果、ユダヤ教徒が増えたのであり、迫害についても誇張されたものであるとしています。

今から考えてみれば、これの主張の真偽を判断するだけの歴史的さらには宗教的な知識に自分は欠けていました。著者の主張も断定はするものの、それを裏付ける資料を提示しない場合も多々あり、歴史学の手法からしてみれば、違和感を感じさせるものであることは否めません。『トーラーの名において』は佐藤氏にお会いしたのちに読みました。さまざまな思想家の言説が引用され、個人的にはなかなか手ごたえを感じさせるものではあったのですが、シオニズムに関してはナショナリズムと結びつき、イスラエルという国家を神とする偶像崇拝に脱（引用者註・堕の誤りか？）してしまっているとしています。

もとよりシオニズムに関して全く知識のない私がこれらの言説に触れてもその言説の妥当性を判断できるはずもありません。読んだときにはユダヤ教の視点からのシオニズム批判という意味で新鮮さすらも感じたのですが、ただイスラエルの行動に関しては初めから、パレスチナ側に道義的正義があるとし、その行動を悪と決め付けていたともいえる、イスラエル側に立つ意見、それこそダーショウィッツ氏の『ケース・フォー・イスラエル』などを取り上げてもいない。この本は二〇〇三年に原書は出版されており、イスラエル側の主張を代弁しているという意味で、イスラエルとパレスチナとの対話という観点からしてみれば、これらの言説を取り上げないことは誠実ではないと、今更ながら思います。

私は佐藤氏が紹介されていた『ケース・フォー・イスラエル』を一回通読しました。アラブの実態、条約に関する是非の検討、そしてイスラエル側の対応について詳細に事実を掲示し、その正当性を分かりやすい論理で示していると思います。

もし、これらの事実が正しいものであるのならば、ダーショウィッツ氏の言説は十分に納得できるものです。

もともと、パレスチナ側のテロなどの手法にも問題はあるものの、イスラエルの対応もまた過剰であるという見方をしていた私にとっては、イスラエルの側の努力ということを自分で調べようともせずに判断していただけに、この本に書かれてあったイスラエルの司法および軍隊の倫理的努力といったものには驚きを禁じえませんでした。

佐藤氏は旧約聖書を新共同訳と口語訳で通読し、ヘブライ語の授業をとるべきとのことですが、秋学期からでも越後屋先生の授業をとってみようと思います。そして、越後屋先生にどのような本を、どのような順番で読めばいいのかについても、うかがってみます。

ただ、いかんせんシオニズムに関してはまったくと言っていいぐらい知識がない、シオニズムそのものに関する詳細な言説に触れたことはありません。シオニズムに関して知る上で、参考になる文献はありますでしょうか。ご教示いただければ幸いです。

返信

同志社大学神学部の学生への返信

御連絡どうもありがとうございます。拙稿を読んでくださり、どうもありがとうございます。拙稿にも書きましたが、あれは架空書簡です。もちろん、あなたが私に問いかけたことも念頭に置いていています。しかし、あの架空書簡は、あなたにだけ宛てて書いたものではありません。あの大学でイスラエルを一方的に非難する意見表明をした学生、別途、パレスチナ問題で私に批判的な意見を述べたキリスト教関係者などのことを考えながらしたためたものです。

あなたからのメールに書かれている内容は、普遍的性格を帯びているので、これに対する返信を「みるとす」誌に掲載することにします。そうすることによって、より広い人々が、何が問題であるかについて考えるきっかけにしてほしいからです。

あなたはシオニズムに人種主義やナショナリズムの影があることを強調します。そして、〈シオニストはナショナリズムをもとに民族としての「ユダヤ人」を作り上げた〉というシュロモー・サンド氏の言説を引用します。この認識が決定的に誤っています。民族を人為的につくることは不可能です。これについては、ナショナリズムと民族理論の古典として定評があるアーネスト・ゲルナー（加藤節監訳）『民族とナショナリズム』（岩波書店、二〇〇〇年）を熟読してください。そうすれば、「民族を作ることができる」という道具主義（インスツラメンタリズム）的発想が、実証的にも理論的にも成り立たないことがわかります。

それから、『トーラーの名において』を読んであなたはラブキン氏の言説を〈シオニズムに関してはナショナリズムと結びつき、イスラエルという国家を神とする偶像崇拝に堕してしまっている〉とまとめます。あなたはラブキン氏のもっとも強調したい点を正確に押さえています。ここでいう国家とは、ネーション・ステイト（nation-state）のことです。要するに、民族としてのユダヤ人、国民国家としてのイスラエルを認めないという趣旨です。

ここで、以下の文章を読んでみてください。ソ連の独裁者スターリンの論文『マルクス主義と民族問題』（一九一三年）からの引用です。

スターリン論文から

〈バウエル（引用者註・オーストリア社会党のマルクス主義理論家オットー・バウアー）は、「ユダヤ人は共通の言語をまったくもたなく」ても、彼らは民族であると言っている。だが、たとえば、たがいに完全にきりはなされ、ことなる地域にすみ、ことなる言語をつかっている、グルジア、ダゲスタン、ロシア、アメリカのユダヤ人について、どんな「運命の共通性」と民族的結合とをうんぬんすることができるであろうか。

うえにのべたユダヤ人は、うたがいもなくグルジア人、ダゲスタン人、ロシア人、アメリカ人と共通の政治上および経済上の生活をいとなみ、彼らと共通の文化的な空気のなかで生活している。このことは、彼らの民族的性格にそれぞれの刻印をおさずにはおかない。彼らに共通なものがなにかのこっているとすれば、それは宗教、共通の起源、民族的性格のいくらかの残存物である。これはみなうたがう余地がない。だが化石した宗教的儀式や風化しつつある心理的な残存物が、うえにのべたユダヤ人の「運命」に対して、彼らをとりまく、生きた社会＝経済的および文化的環境よりも、もっと強力な影響をおよぼしていると、どうしてまじめに主張することができようか。だが、このような仮定にたたなければ、ユダヤ人一般を単一の民族だというようなことは、できないではないか。〉(『スターリン全集　第二巻』大月書店、一九五三年、三三三頁)

当時は、ヘブライ語が広く復活していませんでした。これだから、「ユダヤ人は共通の言語をまったくもたなく」という言説が通用していたのです。スターリンは、言語の共通性、地理的共通性と経済的共通性がないので、ユダヤ人は民族として成立しないという議論を組み立てました。

確かに民族という概念は近代的な概念です。しかし、民族は何もないところから、誰かが人為的に作り出すことができるものではありません。民族を作り出す核になるような「何か」がなくては、民族は生まれないのです。英国の社会人類学者アンソニー・スミスは、この「何か」をエトニーと表現します。ロシアの民族学者のユーリー・ブロムレイは、この「何か」をエトノスと表現しました。スターリンは、ユダヤ人のエトノスを否認しているのです。ユダヤ教やユダヤ人の習慣は、〈化石した宗教的儀式や風化しつつある心理的な残存物〉であると決めつけ、ユダヤ人が民族として発展する可能性を認めませんでした。そしてスターリンはこう強調します。

〈民族と民族的性格とを同一視するバウエルの見地は、民族を土台からひきはなし、民族を目に見えない自足的な、ある力にかえるものである。その結果、生きた、活動している民族がえられずに、ある神秘的な、とらえることのできない、あの世のものがえられるのである。なぜなら、くりかえしていうが、たとえばグルジア、ダゲスタン、ロシア、アメリカその他のユダヤ人から構成されているユダヤ民族、その成員が理解しあうこともなく（ことなった言語をつかっている）、地球の別々の地方にすんでいて、いちどもあうことがなく、また平時にも戦時にも、共同の行動をとることのけっしてないユダヤ民族とは、いったい、どんな民族であろうか！〉（前掲書三二四〜三二五頁）

ヤコブ・ラブキンの系譜

ラブキン氏は旧ソ連の出身です。ソ連で基礎教育と高等教育を受けています。一九五六年のソ連共産党第二十回大会の秘密報告で、フルシチョフ第一書記がスターリンの個人崇拝を手厳しく批判しました。ただし、フルシチョフ自身がスターリン派で、一九三〇年代の大粛清に協力しているので、スターリン批判は中途半端なものにならざるを得ませんでした。スターリンの人格的欠陥と政治的過ちを批判するという体裁を取りました。しかし、スターリンは単なる政治家ではなく、哲学者、経済学者でもあります。特に民族理論に関して、レーニンはスターリンに全面的に依存していました。これだから、スターリンの民族理論は、その後も生き残るのです。

スターリンは、民族についてこう定義します。

〈いうまでもなく「民族的性格」は、いちどあたえられたらそれきりのものではなく、生活の諸条件とともに変化する。だが、それは、どのあたえられた瞬間にも存在しているのであって、そのかぎりで民族の外観に刻印をおすものである。

だから文化の共通性のうちにあらわれる心理状態の共通性ということは、民族の特徴の一つである。

こうして、われわれは、民族のあらゆる特徴をかぞえつくした。

民族とは、言語、地域、経済生活、および文化の共通性のうちにあらわれる心理状態、の共通性を基礎として生じたところの、歴史的に構成された、人々の堅固な共同体である。

このばあい民族は、他のあらゆる歴史的現象とおなじように、変化の法則にしたがい、その歴史を、すなわち始めと終りとをもっていることは自明である。〉（前掲書三一九頁）

この考えからすると、地理的共同性（地域）と経済的紐帯を切断することに成功すれば、ユダヤ民族は消滅することになります。ラブキン氏の主張はスターリンのユダヤ人観の延長線上にあるのです。イスラエル国家の正当性に疑念を抱かされることによって、ユダヤ人の民族性を否定するという『トーラーの名のもとに』が狙う政治目的を正確につかんでおく必要があります。スターリンのユダヤ人観の問題点については、次回、詳しく説明します。

シオニズムについて知るならば、原典を読むことです。シオニズムの父であるテオドール・

ヘルツル（佐藤康彦訳）『ユダヤ人国家』（法政大学出版局、一九九一年）をていねいに読むことです。

（二〇一〇年九月二十日脱稿）

25話　反ユダヤ主義の歴史について　1

Q君、テオドール・ヘルツルの『ユダヤ人国家』をていねいに読みましたか？　ヘルツルの考えを知れば、シオニズムの基本がわかります。それとともにまず虚心坦懐に旧約聖書を読むことです。この場合、神学の知識は必要ありません。中途半端な神学の知識があると、神の言葉を聞き損ねてしまう危険性があるからです。「直感と感情」によって、旧約聖書を読むのです。私が同志社大学神学部で学んだときも、新約聖書は何度か通読したが、旧約聖書はモーセ五書すら読んでいないという同級生が何人かいました。最近では、他学部から大学院神学研究科に入った大学院生で、新約聖書もまともに読んでいない輩がいるようです。

ある編集者から、「新約聖書には、手紙がいくつ含まれているのか」と尋ねられ、それに答えることができず（神学生としてというよりも、キリスト教に関心をもつ知識人として最低限の常識に欠けているということです）、この大学院生は「牧師になっても説教のコメンタリー（注解書）が出ているので、聖書にどんな書が含まれているかについて正確に知らなくても問題ない」と開き直ったそうです。神学を勉強する学徒として、あってはならない態度です。こういう風になるとまともな神学的知識を身につけることができません。こういう勘違いをしている学生に限って「神学部の授業はレベルが低い」などと言って、真剣に授業やゼミに参加しません。レベルが低いのは神学部の授業ではなく、この学生の基礎学力なのですが、それが自覚できていないのです。あなたは、学部生なのでこのようなおかしな大学院生の影響を受けずに、まず虚心坦懐に聖書を読むことから、神学の勉強を始めて欲しいと思います。

忍び寄る反ユダヤ主義

Q君から、ヤコブ・M・ラブキン著『トーラーの名において』を、まだ神学の勉強をほとんどしていない神学生たちが読んでいるという話を聞いて、私は、神学部の後輩たちが無意識のうちに反ユダヤ主義にからめとられていく危険を感じました。Q君は「そんなことはない」と反発することと思います。それならば、デイヴィッド・グッドマン／宮澤正典共著（藤本和子訳）『ユダヤ人陰謀説　日本の中の反ユダヤと親ユダヤ』（講談社、一九九九年）を読むことをお勧めします。本書の杉原千畝や戦前・戦中の日本陸軍に対する評価については、私は別の考えをもっています。しかし、本質において真面目な研究です。

この本を読むと、『トーラーの名において』がソ連版「反シオニズム」を二十一世紀の日本に輸入しようとする試みだということがQ君にもわかると思います。日本に反ユダヤ主義はないという見方がありますが、それは間違いです。以下の指摘を読んでください。

〈日本における反ユダヤ主義は二次的な、抽象的な問題だから論じるに値しない、単なる流行にすぎないから黙殺すればいい、本格的な反ユダヤ人扇動ではないから見過ごすべきだ、という人がいる。私は同意できない。「無害な反ユダヤ主義」、「見過ごすべき反ユダヤ主義」などありえないからだ。比喩だろうと、空想だろうと、ある民族を中傷することは許され、見過ごされるべきではない。とりわけユダヤ民族の場合、ホロコーストで百万人の子どもをふくむ六百万人ものユダヤ人が反ユダヤ主義をそのイデオロギーの主軸とした政権によって殺されて以来、無害な反ユダヤ主義などありえない。だからこそ現在のドイツやカナダでは反ユダヤ主義を提唱する者は犯罪者として扱われる。一九八〇年代に反ユダヤ主義の書物が日本の市場に氾濫したとき、少数の例外を除けば、日本のインテリたちが積極的にそれに反駁しなかったのを見て、私は驚き、落胆した。

反ユダヤ主義の究極の意味は殺人である。たとえそれが抽象的な、場合によっては滑稽な形で表現されたとしても、反ユダヤ主義が社会に台頭し流行するようになれば、遅かれ早かれだれかがそのために殺される。それを信じこんで人を殺す個人か集団があらわれるのは予想できるからだ。最近の日本の場合、麻原彰晃とオウム真理教がそれである。無害な反ユダヤ主義などない。

反ユダヤ主義を危惧し、弾劾し、それを日本からなくそうとしてきた日本人は以前にもいたし、いまもいる。吉野作造や矢内原忠雄、日本における反ユダヤ主義の研究の先駆者、小林正之や杉田六一、ユーモアを交えて『トンデモ本の世界』(一九九五年、洋泉社)を書き、反ユダヤ本をふくむとんでもない本をあばいた山本弘ひきいる「と学会」の人たち、『ユダヤを読むとオウムが生まれてくる——オウム事件の謎を解く——』（一九九六年、近代文芸社）を著した奥田広隆、ならびに長いあいだに積み重なったユダヤ人についての誤解や固定観念を乗り越えるための手引きとして『ユダヤ解読のキーワード』（一九九八年、新潮社）を書いた滝川義人などはごく一部の例にすぎない。かれらは貴重な仕事をつづけてきたし、私はかれらから多くを学んでいる。〉（『ユダヤ人陰謀説——日本の中の反ユダヤと親ユダヤ』、二〜三頁）

私もこの指摘に完全に同意します。グッドマン教授の〈反ユダヤ主義の究極の意味は殺人である。たとえそれが抽象的な、場合によっては滑稽な形で表現されたとしても、反ユダヤ主義が社会に台頭し流行するようになれば、遅かれ早かれだれかがそのために殺される。それを信じこんで人を殺す個人か集団があらわれるのは予想できるからだ〉という指摘を深刻に受け止める必要があります。『トーラーの名において』を、ユダヤ教を学ぶ基本書と考えている研究者の危険はそこにあるのです。Q君たち若き神学生に、学問的体裁を装って、現下の日本に忍び寄る反ユダヤ主義の影響が及ぶことに私は強い危機意識をもっています。

スターリン主義の負の遺産

このような反ユダヤ主義が、忍び込むことができる知的土壌に、日本型マルクス主義の問題があります。正確にいうと、ロシアマルクス主義、特にスターリン主義の負の遺産です。

〈日本のマルクス主義者たちにしてみれば、イスラエルとシオニズムに敵意をいだく下地はすでにあった。なにしろレーニンはユダヤ人の民族主義をはっきりと糾弾して、「直接にであれ、間接にであれ、ユダヤ人の〝民族文化〟というスローガンをかかげる者は（善意からであろうとも）プロレタリアートの敵である」といったのだったし、スターリンもユダヤ人には民族としての願望をもつ資格も、民族運動をする資格もないといっていた。民族とは「言語、領地、経済生活を共有し、心理的素質が文化に反映されていて、歴史的に進化してきた安定した共同体」をいう、と定義して、スターリンはユダヤ人の共同体が民族であることを、一九一三年、「マルキシズムと民族問題」で否定したのである。

ソ連は、一九四八年のイスラエル建国は支持した。しかし一九五二年のチェコスロバキア共産党書記長ルドルフ・シュランスキーが裁判にかけられてからは、「ユダヤ人が国際的な陰謀を企てているぞ」という説は、コミュニストのプロパガンダには欠かせない、重要なものになった。シュランスキーはユダヤ人を両親としてうまれたが、容疑は「トロツキスト的チトー主義的シオニズム」をもって、チェコスロバキアの社会主義体制をくつがえす陰謀を企てた、というものだった。

ソ連とその衛星国は世界の反ユダヤ主義思想のおもな発信源になった。イスラエルと、それを支持するユダヤ系アメリカ人を現代のシオン賢者と呼び、おびただしい数の文書にそう

書き、またそれに従って、無数の政策を実施した。〉（前掲書三〇一～三〇二頁）

ソ連では、ユダヤ人の手による反ユダヤ主義運動が展開されました。それが以前に説明した「シオニスト委員会」です。一九九一年のソ連崩壊とともに死滅したと思われていたソ連版反シオニズムが、ラブキン氏の手を経て、カナダ発で二十一世紀の日本に流入してきたのです。

〈日本のマルクス主義者は、ソ連のそのような思想と方針をうけついだ。たとえば山本正は「中東紛争の背景といくつかの問題」で、「元来マルクス主義の民族理論の見地からいって、ユダヤ民族という概念は非科学的であり、政治的意義からいって反動的である」と、ためらうことなく断言している（山本はレーニンの「党内におけるブンドの地位」などから引用している）。日本の多くのマルクス主義者はレーニンやスターリンの意見を鵜呑みにして、対ユダヤ思想の根拠にしていたのである。だから太田厳が「中東戦争とイスラエル問題」と題する一文で、レーニンの「労働者問題と民族問題」などから引きながら、シオニズムは「アブノーマルなブルジョワ民主主義の一形態であり、労働者階級をその偉大な世界的任務からそらせる反動的属性の濃厚な、実体のない民族」である、といい放ったことも不思議ではない。〉（前掲書、三〇二頁）

板垣雄三氏の役割

ここで重要なのは、東京大学名誉教授の板垣雄三氏の果たす役割です。板垣氏は日本外務省のブレインの一人で、政府の中東政策に大きな影響を与えました。グッドマン、宮澤両教授は、板垣氏についてこう記します。

〈板垣は「歴史科学の研究者」であると自負している。ところが、たとえばＩＰＴＩＬ事務局の発行した『イスラエルのレバノン侵略に関する国際民衆法廷』などを読めば、かれの見解は実際はアラブとソビエトのプロパガンダに従順に従うものであることがわかる。かれはパレスチナ連絡会議を設立したが、それは日本人のグループとＰＬＯの連絡をとりもつものだった。かれは日本の親パレスチナ機関誌の一つ、『季刊パレスチナ』の編集員だったし、一九七七年のＰＬＯの事務局設立のためにも動いた。一九八三年以来、東京のＰＬＯの代表だったバカル・アブデル・モネムは、一九九一年、日本にＰＬＯの代表部をおくにあたって、板垣から援助をうけたことを公式に認めている。

学者が政治的な意見をもつことはまったくかまわない。しかし板垣雄三は学究と政治的主張に基本的な区別をつけることを、首尾一貫してないがしろにしてきた。とりわけ、ＰＬＯの政治的立場を客観的な事実として宣伝してきたことがそうである。すなわちパレスチナ民族憲章に言明されている、ユダヤ人は歴史的に民族とはいえない、という立場をとってきた、そのことである。たとえば学問的な文章のなかで、かれはつねにユダヤ人を「　」でくくり、ユダヤ人が民族であることを否定する意思をあらわしている。〉（前掲書三〇七頁）

板垣氏の主張については、学問的研究と政治的主張を区別しなくてはなりません。板垣氏のイスラエル観はきわめて政治的です。いったい板垣氏はどのような根拠で、ユダヤ人が民族であることを否定しているのでしょうか。

〈ユダヤ人とは「あらたに『民族』としての『ユダヤ人』という観念（虚偽の意識）とそれに基づく『民族主義の』の擬態」であるから、とかれは『岩波講座世界歴史』のなかの「第一次世界大戦と従属諸地域」で説明している。ユダヤ人は民族ではない、というこの説は『岩波講座世界歴史』ほどの権威ある資料にまでおさめられている。そこでも、ユダヤ人という存在は疑わしくうさんくさいという思想をあらわすために、ユダヤ人という語は一貫して「　」でくくられている。統計表でさえ、「ユダヤ人」である。

それほど学問的でないものになると、板垣はさらになりふり構わずに原稿を書いた。一九七三年のヨムキプール戦争（第四次中東戦争）後の十一回にわたる『毎日新聞』のインタビューの第二回で、かれはユダヤ教は「偏狭な民族宗教」である、とのべ、「ユダヤ人というのは元々宗教的な結び付きで考えられるべきイスラエルの民の、ある部分のまたある部分といったものが、ある独自の集団として自覚する、かなりイデオロギー的な存在ということになりますね」といい、「そんなふうな、かなりあやふやなものであるからこそ、ナチはニュルンベルク法などという法律を決めて、いわば法律の裏付けで、ユダヤ人と、そうでない人とを区別する基準を作っていかなければなりませんでしたし、そのニュルンベルク法の考え方を受け継いだ形で現在のイスラエルの国籍法とか、帰還法とかが作られ、だれがユダヤ人で、だれがイスラエル市民たりうるかということを法律的に決める」とまで暴言をはいている。

板垣の発言はサルトルの意見に似ていて、ユダヤ人などは存在しない、という。かれ自身もサルトルの影響を認めている。

板垣の思想はいずれもまったくかれ独自のものではない。バーナード・ルイスなどの記述を見ても明らかなように、外国の資料からかりてきたものである。〉（前掲書三〇八頁）

私は、サルトルよりもスターリンのユダヤ人を民族として認めないという考え方と板垣氏の思想が親和的と思います。

板垣氏の政治的主張がどのような思想的系譜に立っているのかについて、正確におさえておく必要があります。

（二〇一〇年十一月十九日脱稿）

26話　反ユダヤ主義の歴史について　2

Q君、イスラエルに関する偏見にどのようなものがあるか、私自身が名指しされている件をとりあげて説明しましょう。朝鮮総連（在日朝鮮人総聯合会）の中央機関紙『朝鮮新報』の電子版にこんな記事が出ました。

〈手遅れかもしれないが

先日、「日朝関係を考える」と題された講演会に参加する機会があった。「週刊金曜日」と「月刊日本」という水と油のような関係にある両誌の共催だった。両誌は四月にも「初の試み」と銘打って、別のテーマで講演会を開くなど、ある種の共闘関係を形成している。

講演会の内容だが、いくつかの意見を除いては、朝鮮をめぐる言説の退廃ぶりが表れていて嫌悪すら感じた。日本は「帝国主義国家」として朝鮮問題に対処すべきと説き、「体制転換」による国交正常化の可能性を語る佐藤優氏や、陰謀論をまき散らす某「月刊日本」論説委員の議論は聞くにたえなかった。そこには過去の清算や戦後日本の朝鮮半島政策に対する真しな問題意識は見られない。

右翼国家主義者、排外主義者である佐藤氏の発言にいまさら驚きはないが、理解不能なのは、そのような人物に入れ上げる「週刊金曜日」の姿勢だ。近年、佐藤氏は右から左まで多様なメディアに登場し、媒体によって主張を巧妙に使い分けている。「インテリジェンスのプロ」らしい詐術だが、これを同誌が知らないはずはない。

以前、同誌はイスラエル支援企業の製品のボイコットを呼びかけていたが、札つきのイスラエル支持者の文章を大々的に掲載することに良心の痛みを感じないのだろうか。

「左右の壁の突破」という言葉の裏で原則はなし崩しになり、社会の「右旋回」は進む。日本のリベラル・左派勢力は「佐藤優という呪縛」から逃れたほうがいい。もう手遅れかもしれないが。（相）〔朝鮮新報二〇〇九・七・二十二〕〉

国際社会の現実は

朝鮮総連は北朝鮮の利益を体現した組織ですので、対北朝鮮外交に関するこの人の私に対する批判には意外性がありません。日本国家の領域内で、北朝鮮政府職員が日本の国家主権を侵犯し、日本国民を拉致したことに対して、日本国家が毅然と対処するのは当然のことです。また、北朝鮮やイランのように、核兵器、弾道ミサイルなどの大量破壊兵器を開発し、国際秩序を混乱させる国家に対して、日本が圧力をかけるのも当然のことです。

この『朝鮮新報』のコラムを書いた人は、ホブソンやレーニンの帝国主義論をまともに読んだことがないのだと思います。国際社会の現実は、帝国主義によって動いています。特に東西冷戦終結後、十九世紀末から二十世紀初頭を髣髴とさせるような露骨な帝国主義政策を各国はとるようになっています。ただし、旧来の帝国主義のように植民地拡大を求めません。これは帝国主義国が人道的になったからではありません。植民地を持つことによる利益よりも不利益の方が大きくなったので、帝国主義国が植民地を放棄しただけです。

イスラエルは植民地か？

ちなみにイスラエルを「欧米による最後の植民地だ」などと感情的に非難する人が、神学生やキリスト教徒にもときどきいますが、そういう人には是非次の質問を投げてみてください。「植民地には宗主国があります。インドや南イエメンの宗主国は英国、エチオピアの宗主国はイタリア、フィリピンの宗主国は米国でした。いったいどの国がイスラエルの宗主国なのですか？」

イスラエル植民地論を主張する人は、この質問に対して答えることはできません。「米国がイスラエルの宗主国だ」と強弁する人がいるかもしれません。そのときはこんな質問をしてみるといいでしょう。

「なぜイスラエルと米国の間でポラード事件（米海軍情報部に勤務していたジョナサン・ポラードが秘密情報をイスラエルに流した事件。ポラードは終身刑が確定し、現在服役中。イスラエル政府は米国政府にポラードの釈放を要求している）のようなことが起きるのですか？」

イスラエル植民地論を展開する人を論破するには五分もかからないでしょう。もっともこういう人たちは、理屈ではなく「イスラエルは植民地だ」ということをひたすら強弁するだけなので、いくら論理的に説明しても耳を傾けないと思います。ただし事実に基づいて釘を刺しておくことは必要です。

踏み絵的発想

話を『朝鮮新報』のコラムに戻します。このコラムの執筆者が、『週刊金曜日』編集部を非難するのに駄賃のように付け加えている〈以前、同誌はイスラエル支援企業の製品のボイコットを呼びかけていたが、札つきのイスラエル支持者の文章を大々的に掲載することに良心の痛みを感じないのだろうか〉という部分が重要です。

「札つきのイスラエル支持者」というのは私のことでしょうが、私の論考を掲載することに『週刊金曜日』編集部は良心の痛みを小指の先ほども感じていないと思います。それは『週刊金曜日』が反イスラエル、反ユダヤ主義のプロパガンダ雑誌ではないからです。『週刊金曜日』編集部は、職業的良心に基づいて、読者に伝える必要があると考える記事を掲載しているだけのことです。「イスラエル支持者か否か」などという踏み絵的発想を『週刊金曜日』編集部がしていないことは、この雑誌の健全性を示すものです。記事や論考はテキストによって判断されるべきものだからです。

Q君、学生時代には、乱読、多読をお勧めします。イスラエルについて、『みるとす』、『週刊金曜日』などの記事を読み比べて、自分の頭で判断することです。ちなみに『朝鮮新報』のコラムで言及されている『月刊日本』は右翼、保守派に影響力をもつ理論誌です。この雑誌にも、親アラブ的な立場からイスラエルを非難する論考がときどき掲載されます。同時に私のように中東政策において日本はイスラエルをもっと強く支持すべきであると主張する論考も掲載されます。双方の論考を読者に伝えることが必要と『月刊日本』編集部が職業的良心に基づいて考えているからです。

『週刊金曜日』『月刊日本』のような、政治的立場が異なる雑誌が、お互いの立場を尊重しながら対話するのはよいことと思います。それが『朝鮮新報』のコラム執筆者には、「右旋回」に見えるのでしょう。それはこの人の評価の問題なので、別に私は何とも思いません。

しかし、Q君、私はあなたがこの『朝鮮新報』のコラム執筆者のような機械的思考をするようになってほしくないのです。イエス・キリストがこのような機械的思考を拒否していることから虚心坦懐に学んで欲しいのです。

「国家サイバーテロ」の記事

これから、国際政治においてイスラエルはますます非難されると思います。「国家サイバーテロ」の問題を巡ってです。Q君は本件に関する朝日新聞の記事を読みましたか。以下の記事です。

〈イラン核施設の妨害ウイルス　イスラエルと米国が開発か

産業制御システムを乗っ取る新しいコンピューターウイルス「スタクスネット」が、国家が関与するサイバー攻撃の一環として開発された可能性が高まってきた。十六日付の米紙ニューヨーク・タイムズは、イランのウラン濃縮を妨害する狙いで、イスラエルがスタクスネットの試験を行なっていたと報じた。米国の核技術専門家らの証言などが根拠で、開発には米国も協力していたという。

スタクスネットは、ドイツ・シーメンス社製の産業制御システムを乗っ取り、異常を起こす。情報システムに感染する従来のウイルスと違い、社会基盤に影響が出るウイルスといえる。これまでは少数のサイバーテロ集団による攻撃が想定されてきたが、国家が実際に関与したとすれば、新たな「サイバー戦争」の段階に入った表れとして位置づけられる。

ウイルスの手口は非常に洗練されており、高度な専門知識のあるグループによる開発が当初から疑われていた。

米セキュリティー大手シマンテックの分析で、核燃料や核兵器の原材料製造のための、遠心分離器を使ったウラン濃縮装置を誤作動させることが判明した。感染の六割がイランに集中していたこともあり、イランの核開発を懸念するイスラエルや米国の関与が取りざたされていた。

ニューヨーク・タイムズの報道によると、イランは中部ナタンズにある施設で、パキスタンが核開発の初期に使った「P1」と呼ばれる遠心分離器によるウラン濃縮装置を使用している。これに対し、イスラエルも独自にP1を入手。国内のネゲブ砂漠に建設した試験施設で、スタクスネットがP1を誤作動させるかどうか確かめていたという。

スタクスネットはシーメンス社の制御システムに感染すると、しばらく潜伏した後、遠心分離器の回転数を急変させ、誤作動を起こす信号を出す。一方、遠心分離装置のセンサーが出す「誤作動」の警告信号は止めて「正常」を装う機能もある。

イスラエルはこれまで、イランの核施設に対する軍事行動も視野に入れてきたが、国際的な非難を避けるため、サイバー攻撃に着目したという。実際にスタクスネットはナタンズの遠心分離器の五分の一を停止に追い込み、イランの核開発は数年遅れになったとみられている。

今回の報道によると、米国もブッシュ政権末期にナタンズ核施設の妨害計画を承認。オバマ政権がさらに推進したという。

シーメンス社の制御システムは米国でも広く使われており、サイバー攻撃に備えることを名目としたシーメンス社との協議で弱点を洗い出し、それを逆にサイバー攻撃に応用した可能性がある。テネシー州にあるエネルギー省傘下の研究所施設で、イスラエルと同様の試験をしていた疑いがある。（ワシントン＝勝田敏彦）〉（一月十六日 asahi.com）

インテリジェンスに関する事柄ですのでイスラエル政府も米国政府も真相を明らかにするこ

とはありません。もちろん私も秘密情報へのアクセスをもっていません。ただし、過去、外務省で情報と分析に従事した経験に照らしてみると、こういうことは十分にあると思います。

ここで「国家サイバーテロ」というような概念を軽々に導入すべきではありません。問題の根本は、イランのイスラム原理主義政権が、イスラエル国家を地図上から抹消するという国家目標を執拗に追求していることです。イランもイスラエルも国連加盟国です。イランのこのような対イスラエル政策は国連憲章に抵触します。

日本人の立場から

それとともに、われわれは日本人だということを忘れてはなりません。日本は資源の少ない国です。中東の石油は日本にとって生命線です。イランの野望が実現して中東からイスラエル国家が消滅した状態について考えてみましょう。自由、民主主義、市場経済という日本を含む国際社会の多数派にとっての価値基準が中東から著しく後退します。その結果、日本が安定的に化石燃料を入手することができなくなります。

さらにイランと北朝鮮が、大量破壊兵器開発で緊密な協力を行なっているということも無視できません。イランの弾道ミサイル「シャハブ3」が北朝鮮の弾道ミサイル「ノドン」のコピーであることはインテリジェンスの世界における常識です。中東でイランが覇権を握ることは、東アジアにおける北朝鮮の影響力拡大と表裏一体の関係にあります。それだから、イランの野望を封じ込めようとするイスラエル、米国の政策は日本の国益に適うと私は考えています。

今後、「イスラエルが国家サイバーテロを行なっている」という批判がでてきたときに、私がここで述べたことを思い出してください。そして、日本と人類のためにイスラエルとイランのどちらの立場を支持した方がよいか、よく考えてみることです。

イスラエルへの偏見

そのためには日本のアカデミズムやキリスト教関係者の一部に根強く存在するイスラエルに対する偏見を除去することが必要です。この点で、Q君に前回の手紙で詳解したデイヴィッド・グッドマン、宮澤正典両教授の板垣雄三教授の反イスラエル言説に対する実証的批判から学ぶべきことが多々あります。

〈板垣の著作の量はきわめて多いが、かれの思想をはっきりと理解するには、とりわけ「ナセルの挫折と大国のエゴイズム」と「ナチズムとイスラエル」が適当だろう。これらの論説は読者の少ない左翼雑誌などに掲載されたものではない。前者は六日戦争直後の一九六七年七月二十五日号の『朝日ジャーナル』に掲載され、後者は一九七八年『世界』七月号に掲載された。

「ナセルの挫折と大国のエゴイズム」の目的は、「アラブとイスラエルの対立は従来の両民族の民族主義の対立からうまれたもので、いわば『宿命的』なものである」という説を攻撃し、つき崩すことである。そもそも「アラブ・イスラエルの対立」という構図そのものが西洋の帝国主義権力がでっちあげた神話にすぎない。「大きな顔でまかり通るこの『常識』は、まさに現代の神話なのである。久しく西洋の民衆の上に、二十世紀欧米諸国の政略がつくりだした虚構の論理だといわなくてはならない」とかれは主張した。

さらにアラブ諸国とイスラエルの紛争を、「インド・パキスタン、インドネシア・マレーシアなどの（正当な民族）紛争と同次元で把握」したり、両者の「対立をそれだけ独立にきり離して議論」したりすることは誤りである、と断言してもいる。

かれの目から見ると、パレスチナの平和を脅かすものは「アラブ社会の後進性」や、アラブ人とイスラエル人の「宿命的」な対立ではなく、「シオニズム的イスラエル国家の存在と、大国によるその軍事的強化であることを銘記すべきである」。また、パレスチナ民族憲章の立場に同調して、イスラエルは平和を脅かすだけでなく、アラブ世界にくさびとなって突きささる存在である、そしてイスラエルはアラブ諸国における社会革命を阻む反革命的軍事力と政治的反動のすべてを体現しているのである、とまで書いている。すなわち、板垣の展望は、「シオニズムが消滅したときはじめて、この地域で広いアラブ的連帯の中で共存し協力しあう『ユダヤ人』の存在の仕方が、合理的・平和的に問題にでき、解決されうるだろう」というものだった。「そしてこのような政治的方向は、すでにアラブの民衆のたたかいの中で模索されており、またやがてイスラエルの民衆も大胆にこの課題にたちむかう日が来るにちがいない」とのべている。〉（『ユダヤ人陰謀説　日本の中の反ユダヤと親ユダヤ』、三〇九～三一〇頁）

イスラエル・アラブの対立は、イスラエルを消滅させることによってのみ解決するという暴論を板垣氏は唱えているのです。

（二〇一一年一月二十日脱稿）

27話　キリスト教とイスラエル――『キリストの火に』を読む

Q君、キリスト教と国家の関係を考える上で、私にとってイスラエルとの出会いはとても大きいのです。私は外交官でした。従って、政治やインテリジェンスを通じ、イスラエルとユダヤ人と接触しました。そこからアカデミズムとのネットワークも広がりました。最初、イスラエルの人たちと宗教や神学について話すことはありませんでした。徐々に関係が深まっていくうちに、超越性や神、あるいは唯物論や無神論について、突っ込んだ話をするようになりました。特に私はイスラエルのインテリジェンス・コミュニティーの人たちの影響を強く受けました。深い学識に裏付けられ、自由な思考をする知識人であると同時に、しっかりした国家観を持つイスラエルの愛国者であることを可能にする根拠は、ユダヤ教徒と私たちキリスト教徒が信じる神にあるのだということを皮膚感覚で実感したのです。そのことが、私の信仰と神学に強い影響を与えました。

この経験をQ君をはじめとする若き神学生たちに伝えたいと思うのですが、私の能力が不足しているので、適切な言葉を見出だすことができずに悩んでいます。それだから、私が考えているることと通底する、キリスト教信仰の根底に触れるテキストをいつも探しています。私がQ君にヨゼフ・ルクル・フロマートカ、カール・バルト、フリードリヒ・ゴーガルテンなどの著作を勧めるのは、そこにキリスト教信仰の根底に触れる「何か」があるからです。

同志社の先輩、財津正彌先生

一一年七月にミルトス社から上梓された財津正彌先生の『キリストの火に　手島郁郎とその弟子たち』をQ君にも是非読んで欲しいと思います。この本にも私のキリスト教信仰に通底する「何か」があります。財津先生は、同志社大学神学部と大学院の先輩です。財津先生は、戦争中、海軍甲種飛行予科練習生として従軍し、戦後、キリスト教徒になり、同志社で学びました。一九五五年に同志社大学大学院神学研究科修士課程を修了し、日本基督教団の教職者になりますが、一九六二年に原始福音キリストの幕屋に移ります。『キリストの火に』を読むと、財津先生が、真のキリスト教徒であり、真の日本人とは何であるかという日本人キリスト教徒が抱えざるを得ない根本問題に正面から取り組んでいることがわかります。

私の印象に強く残った箇所を引用します。まず、はじめは一九五九年の全国高校生献身者修養会の様子です。私も神学生時代、教会の行事で唐崎セミナーハウスをよく使いました。冷房がなくひどく暑かったことを思い出します。財津先生は、日本基督教団の牧師として、この行事に参加しました。

ある根源的な問いを

〈毎夏、同志社神学部の主催で「全国高校生献身者修養会」というのが東西二か所で行なわれていたが、去年は琵琶湖畔の同志社唐崎ハウスで行なわれた西日本の部会に、私も応援を頼まれ、手伝いという形で出席した。

約八十名ほどの高校生男女が集まっていたが、信仰の熱気というより、青春の気にあてられそうな雰囲気がないでもなかった。

そんななかでただ一人、高三男子の延広君だけは違っていた。折を見つけては私を捕まえ、真剣な質問を投げかけ、納得いくまで食い下がってくるのだった。

「先生、イエス・キリストは、ほんまに復活したんですか。これ、ほんまに信じなあかんのですか……」

関西弁ながら、抜き身の真剣を突きつけるような問いっぷりであった。

高校生とはいえクリスチャンだけの集いで、こんな問いを投げつけられるとは想像もしていなかったが、私は真剣に答えた。

「ぼくは、信じているよ」

ところが、彼は片手を私の面前で振るようにして、これまた意外な念押しの一語を発したのである。

「先生、待ってくださいよ……。ぼくは今、本気で訊いているんですから、先生も本気で答えてくださいよ。お願いします」

その眼はまっすぐ私の眼に吸いつき、私から本心の言葉を引き出そうと、瞬きひとつせず、身じろぎもしなかった。私のなかに熱い火の塊のようなものがこみあげ、彼に心のままを述べた。「ぼくは、ほんとのことを言ってるよ。イエス・キリストの復活ということを抜きに、ぼくに人生はあり得ないんだ。ぼくはそのキリストにすがって生きている人間なのだ」〉(『キリストの火に　手島郁郎とその弟子たち』、二六～二七頁)

延広年盛氏は、翌年、同志社大学神学部に入学します。私たちの先輩にあたります。同志社は、自由主義神学の伝統が強い学風です。私はもともと日本キリスト教会(新日キ)で洗礼を受け、日本基督教団に転会するのはだいぶ後になります。現在は、教会籍も宙吊りになっていて、教会にもあまり行きません。最近、教会に通ったのは、神学生時代からの親友の大山修司君が牧師をしている膳所教会(日本基督教団)を講演で訪れたときだけです。しかし、聖書は毎日読んでいますし、祈りも欠かしません。もちろんプロテスタントのキリスト教徒であるという自己意識を強く持っています。

日本キリスト教会の土壌で育った私は、同志社の神学が最初、あまりにリベラルなので当惑しました。「先生、イエス・キリストは、ほんまに復活したんですか。これ、ほんまに信じなあかんのですか……」というような、根源的問題を避ける神学教授や神学部の先輩も少なからずいました。財津先生のこのくだりを読んで、神学生時代の私自身のことを思い出しました。

財津先生は、先ほどの引用に続いてこう記します。

〈これは、私の精いっぱいの表白であった。するとこれに、若き彼のこれまた大仰な反応があった。

「うわー、先生はほんまに信じてはるんですね。すごい。先生のように、復活を本気で信じてる人って、ぼく初めてですよ」

先っきから聞き捨てにならぬことしか言わぬ男であった。

「それって、いったいどういうこと……」

「いや、うちの教会の副牧師なんか、本気で信じてやしませんよ」

「……？」

「ぼくが今のように、本気で訊くと、目をパチパチして視線をそらすんですよ。それって本気で信じていない証拠ですよ……。そこにくると、先生は……」

なるほど、彼のこの鋭い目つきで睨みあげられて問い詰められると、問題が問題だけに、よほど本気に信じてないと、すぐ見破られてしまうのだろうと思った。

それにしても、この一途な若者は、毎日を必死で生きているだけにすぎなかった私を、ずいぶんと買いかぶってくれ、その時以来私の胸中に、そして私の生活圏にまで飛び込んでくるようになった。

年が明けて今春四月に同志社大学に入学してからは、京都市内にりっぱな教会が幾つもあ

るのに、毎週わざわざこんな湖の里まで遠路をいとわず来てくれるようになったのである。〉（前掲書二七～二八頁）

聖書をギリシア語原典で

財津先生は、延広神学生を通じて、手島郁郎先生と知り合います。財津先生が手島先生を通じて、聖書を再発見したときの記述が感動的です。

〈先生は厳かな顔で、しばらく瞑想しておられたが、やがてその目を開き、私の目を見つめるようにして静かにお諭しになった。

「あのね……」

ああ、何かをあらたまって言おうとする時の、先生の決まった言い方だ。

「きみはね、伝道者であるならば、もっと神に聴いて生きる呼吸を会得しなくてはだめだよ。

きみは人を意識しすぎる。だから失敗するんだ。他人に負けまいと、いつも不必要な背伸びをしている。神さまは、きみにはきみに、とっておきの道を備えておられ、きみ独自の人生を全うさせようとしておられるのに、なにもそんなに他人と張り合ってみたり、今すぐ成功を気にしたりすることはないじゃないか。この頃のきみにはあせりが見える。だから、自分を見失っているよ」

全くそのとおりだった。だが、どうしたら、そんな自分から脱却できるだろうかと、すがりたい思いでお顔を見上げた。

すると、先生は私の貧しい本棚をひとわたり見わたして、さらに噛んで含めるように語って下さった。

「きみ、ローマは一日にして成らず、だよ。今日からでも遅くはない。本腰入れて聖書を読み始めるんだな。それも原典でね。だから、先ずギリシア語をマスターしなくちゃ話にならん。なにも学者になることは要らんことだが、原典にあたらずして聖書を講義することは不可能だよ。毎日原典でコツコツ読んで深く味わい、何か特に発見したり霊感を受けたなら、それを自分の聖書に書き込んでいくんだ。新約聖書はたった二十七巻しかないんだから、やる気になればなんでもないことだよ」

思想書や文学書には熱をあげても、聖書を原典で本腰入れて読んでいなかった私は、恥ずかしくてならなかったが、聴き入りつつある間に、「やるぞ！」という熱い思いがこみ上げてきた。

「ね、何をするにしても、石の上にも三年、というじゃないか。とにかくコツコツと、まず三年やってみろ。他人は知らずとも、自分ではちょっとした域に行きつけるものだよ。そして五年たつと、周囲も多少は認めるようになる。そうやって十年もたってみろ。その道一本にかけて精進した者は、もはやその道での大家だよ」

「さあ、きみは今度のことでぶっつぶれているけれども、きみがものになるかならぬかは、

これから十年のきみの生き方ひとつだよ。なあ、やるんだよ、財津くん！」〉（前掲書二一二～二一三頁）

「きみは人を意識しすぎる。だから失敗するんだ。他人に負けまいと、いつも不必要な背伸びをしている」と言われて、思い当たる節がない牧師は一人もいないと思います。手島先生は、財津先生に「あなたはほんとうにイエス・キリストが救いと信じているのか」という根源的な質問をしたのです。このような根源的質問に対して、人間は従うか、拒絶するか、「あれか、これか」の選択しかないのです。

私の備えられた道

神様は、一人一人に、その人にしかできない道を準備してくださったということを私も信じます。私自身は、自分では意識していなくても、その導きに従って、高校生時代に労農派マルクス主義に触れ、その後、無神論を勉強しようとして同志社大学神学部の扉を叩き、そこで自覚的なキリスト教徒となり、洗礼を受けました。私はチェコの神学者ヨゼフ・ルクル・フロマートカの影響を強く受けました。フロマートカは、「キリスト教徒が活動する場は、現実に存在するこの世界である」ということを強調しました。私は、この世界を抽象的に考えず、日本国家と結びつけて考えました。ただし、日本国家について考えるときも、いつも聖書に照らしてその基準を考えていました。私と聖書の関係については、別の機会に詳しく話したいと思います。

財津先生は、原始福音キリストの幕屋に移ってから、イスラエルと新たな出会いをします。私にとって印象的だったのは、財津先生がマサダ（マツァダ）の要塞を訪れたときの記述です。マサダは、私の個人史にとっても、とても重要な意味を持ちます。Q君も御存知のように、鈴木宗男疑惑の嵐の中で、二〇〇二年五月十四日、私は東京地方検察庁特別捜査部によって、背任容疑で逮捕されました。二〇〇〇年四月、イスラエルのテルアビブ大学で行なわれた国際学会「東と西の間のロシア」に青山学院大学の袴田茂樹教授、東京大学大学院の田中明彦教授、安全保障問題研究会の末次一郎氏（故人。陸軍中野学校出身の社会活動家。北方領土返還運動に取り組む）たちを、外務省が派遣する際に、外務省関連の国際機関「支援委員会」の予算を充当したことが背任にあたるということで、刑事事件化されたのです。そのときの重要な犯罪が、マサダの要塞を訪れたことなのです。検察の理屈については、後で説明します。

マサダの意味

そのまえにこの場所がどういう意味をもつかについて知ることが重要です。ローマ軍に対して、ユダヤ人が神に従うために徹底抗戦した場です。財津先生は、こう記します。

〈それは、ここに立てこもってローマ軍と徹底抗戦したユダヤ人の九六〇名が、異教の神を拝するローマ軍のもとで生きのびるよりは神ヤハヴェの御名を呼んで死ぬことを選び、三年の籠城の末、幼い子供にいたるまで友の剣の前に首をさしのべ、全員壮烈な死を遂げたという事実が、ユダヤ人であるなしにかかわらず、知る者の心を揺るがすからであった。

マツァダの最後の様子は、当時のガリラヤ地区軍司令官だったヨセフスの『ユダヤ戦記』に書かれているが、この時（紀元七三年）を最後としてイスラエル民族は国家を失い、世界中に散らされた。以来、流浪のユダヤ人の間では、このマツァダの勇士たちの死にいたるまでの神への忠誠と祖国愛とは、熱い涙のうちに世代から世代へ語り継がれてきたのだが、そのマツァダの場所は近年にいたるまで誰一人知る者がなかった。〉（前掲書二二九〜二三〇頁）

第二次世界大戦後、現在のイスラエル国家の下で、マサダの遺跡が発見されたのも神の意思に基づくものです。

殉教者たちの雄叫び

Q君、財津正彌先生は、マサダの遺跡が発見された経緯についてこう述べます。

〈だが、第二次大戦後、父祖の地に帰って来た開拓者によって、フトしたことからこの場所が確認された時には、全ユダヤ人が熱狂して泣いたという。

それで早速、今回より十年前に第一回の考古学発掘が行なわれ、勇士たちの多数の骨が発見されたが、今回はさらに徹底した調査を目指しての第二次発掘で、総指揮に当たるのは前回と同じヘブライ大学の考古学主任イガエル・ヤディン教授であった。

ヤディンといえば、イスラエル独立戦争を奇跡的勝利に導いた初代イスラエル軍総参謀長でもあり、彼の名で発掘参加の公募がなされると、国の内外から志願者が殺到して後を断つことがなかった。私もその一人で、二週間の契約でキャンプ入りを果たした。

朝は五時半起床で大テント食堂で朝食、余ったパンにジャムをぬって間食をつくり、水筒に水をつめて作業現場に向かう。

ローマ包囲軍が攻略のために作った細い坂道を登りつめると南北に長い台地に着くが、ここそマツァダそのものだ。東の側面は四百メートルの切り立った断崖で、その崖下には草木一本もないギラつく白砂の州が死海にまで張り出し、北側も南側も、もの凄い峡谷によって削り取られ、近くの山々から完全孤絶の天然要塞であった。

こんな辺境に三年も立てこもってローマの大軍を一歩も寄せつけずに戦った人たちが、よくもいたものだと、私は土砂をふるいにかけて出土品のカケラを選別する仕事に打ち込みながら、この殉教者たちの雄叫びが感じられてならなかった。〉（前掲書二四〇〜二四一頁）

イスラエルから愛国心を学ぶ

Q君、この世界には、目に見えない、耳に聞こえないが、確実に存在するものがあります。ほんものの宗教人は、このような確実に存在するものを信じる人です。財津先生は、考古学調査で出土品の選別をする作業の中で、目に見えない殉教者たちの叫びを確実に聞いたのです。

マサダの要塞で殉教した人々が、時空を越えて財津先生の前に現れたのです。このとき財津先生は、大東亜戦争で祖国日本のために命を捧げた少年航空兵たちのことも思い浮かべたと思います。

私がイスラエルの人々に深く感謝していることがあります。それは、イスラエル人の愛国心を知ることを通じ、私が日本人としての愛国心を再発見したことです。愛国心を再発見すると、それは自ずから深化していきます。財津先生も、イスラエルについて知れば知るほど、日本人としての愛国心を深めていきます。日本のキリスト教徒、特にプロテスタント教徒は、民族や国家の問題について真剣に考えようとしません。それだからキリスト教が日本に土着しないのです。キリスト教の土着化についても財津先生の半生から私たちが学ばなくてはならないことが多々あります。

マサダは「民族復活」の象徴

話を財津先生によるマサダの遺跡の発掘のときの体験に戻します。このとき財津先生は、ドイツのテレビ局の取材を受けました。

〈三日目のことだった。東洋の果てから一人の日本人が参加しているということで、ドイツのテレビ会社がやって来て、私にカメラを向け取材した。

「なぜイスラエルに来たのか。またマツァダまで来たのか」

日本語でいいから五分で語れ、ということだった。

それで、荒野を神の祝福と力で勝ち抜いて生きたアブラハムやモーセの霊的信仰の秘密にあずかりたいと念じてイスラエルの土を踏んだこと、またマツァダにはここで殉教した人たちの血を受け継ぎたいと願ってやって来たと、涙して語った。

その午後、風速四十メートルの烈風が吹きすさび、命がけで台地から下りてくるとテントの半分が吹き飛んでいて、作業は復旧作業に変更、夜になっても吹き止まない強風のなかに高校生たちが夜警に立ち、その後ろ姿に明日のイスラエルの姿を見せられてならなかった。

かつては「国家滅亡」という悲しい記憶を思い起こさせていたマツァダは、不死鳥のごとくに歴史の試練をはねのけた新イスラエルにとって、今や「民族復活」象徴の感銘深き地名となっていた。〉（前掲書二四一〜二四二頁）

マサダの遺跡は、まさに民族復活の象徴です。

日本民族が再興するためには

Q君、民族は静的な存在概念ではありません。動的な生成概念です。われわれ日本人が、日本人であるという意思を失うと、日本民族が内側から崩壊していきます。今年三月十一日の東日本大震災は、日本民族の存亡がかかった出来事です。われわれ日本人一人一人が、日本国家と日本人同胞の運命について真剣に考え、行動することによって、日本民族を生成、強化していかないと、わが民族も国家も滅びます。

Q君、ここで重要なのは、ほんとうの意味で必要な行動をすることです。この行動は、政治的な集会やデモに参加することではありません。いま自分が置かれている場所で、一人一人の日本人がこれまで以上に一生懸命働くことです。そして、働いた成果を社会に還元するのです。東日本大震災によって大量破壊が生じました。復興のためには生産が必要です。しかし、現在、日本政府が行なっている議論は分配の話ばかりです。生産の哲学を回復しなくてはなりません。ここで重要なのが労働価値説です。古典派経済学やマルクス経済学の労働価値説でも、近代経済学の限界効用説でも、どちらでも経済現象を論理整合的に説明することができます。しかし、ここで重要なのは、労働価値説でなくては生産の哲学を回復することができないという点です。株の配当で得た十万円とコンビニや宅配のアルバイトで得た十万円では本質的価値が異なるという思想が重要なのです。

Q君、あなたは学生です。学生の本分は勉強することです。被災地に行ってボランティアをすることは、同胞がどのような境遇にあるということを皮膚感覚で知るという点では重要です。しかし、学業を放棄してボランティアに熱中するのは間違えています。自らが、所与の条件下で、一生懸命に働くことが真の愛国心なのです。財津先生は、聖書塾で神の言葉を伝えることによって、日本国家にも奉仕しているのです。

三島由紀夫事件

民族にはそれぞれの固有の魂があります。さて、財津先生は、作家の三島由紀夫氏の自決から強い影響を受けました。Q君が生まれるずっと前の事件です。
この事件に関する『現代用語の基礎知識』(自由国民社、ジャパンナレッジ版)の記述を引用しておきます。

〈三島由紀夫事件
一九七〇年十一月二十五日、三島事件が起きた。三島由紀夫と「楯の会」会員四名が、東京・市ヶ谷の自衛隊東部方面総監部で面談中に総監を縛り上げ、自衛隊を中庭に集めるよう要求。三島はバルコニーから隊員に決起を促す演説を行った後に部屋に戻り、楯の会の学生長森田必勝とともに切腹した。それまで三島や楯の会は、右翼の間では、所詮、文士の遊びだろうと思われていた。前出の風流夢譚事件のときには、三島はこの作品を評価したことで、右翼に抗議も受けているし、小説『英霊の聲』や映画『憂国』など、右翼的な題材の作品も評判は悪かった。
三島の〝決起〟は日本列島に激震を起こしたが、さまざまな反応、そして困惑ももたらした。次の日本のノーベル賞作家とまで目されていた大家がなぜあのような直接行動を、しかも自決までしなければならなかったのかという困惑。また少なくない人々が、三島の行動・営為に触発され、左翼の教祖の一人だった京大パルチザンの滝田修は「左翼の側も第二、第三の三島を」という談話を残した。また、三島のように生きて死にたいという心情を抱く

人々も多数生み出した。右翼は「本気だったのか」と三島評価を一変させ、以後、三島は右翼の神となった。〉

美学と死の問題か？

財津先生は、三島事件についてこう記します。

〈十一月二十五日のこと、戦後の日本に民族魂の覚醒を訴えた衝撃的な事件が突発した。作家の三島由紀夫が壮絶な割腹自殺を遂げたのである。

場所は東京市ヶ谷にある陸上自衛隊東部方面総監部の総監室、彼が自分の主宰する「楯の会」の若者四人を引き連れて、バルコニーから下に集まっている千人の自衛隊員に、天皇を中心とする精神的な日本国家を作るために、自衛隊が決起してその担い手となることを叫び訴えたが、それは無視され、その彼は会員の一人の介錯で割腹したのであった。

翌日の新聞に、妻は黙って見入っていた。新聞は、三島は自分の美学を自殺を通して実演した、と報じていたが、妻は芸術家志望だった自分の弟を、やはり自殺で亡くした十三年前の悲しみと思い合わせていたのであろう。

美を文学で極限まで追求してやまなかった義弟は、珠玉の文字を書き連ねて文学美を追求していたが、人間が生きていくということは、純粋に美の追求に徹し抜こうと努めても、それには限度があり、結局生きるということは妥協を続けて自分を醜にさらしゆくことに他ならず、そんなことは自分にはできぬと結論し、自分の生涯の絶頂は今だ、と自覚したその時に、美しい極みの文章だけを残し、自ら自分の生涯を断っていったのだった。二十一歳であった。〉（前掲書三六五～三六六頁）

財津先生は、義弟の自殺の問題に照らして、美学と死の問題について考えました。そして、人を死に誘う美の力に悪魔的なものを感じました。そこで当初、三島由紀夫氏の自決について否定的な評価をしました。

〈翌日曜日の感話では、話はそこで止めておけばよかったのだが、三島由紀夫の問題に自分なりの決着をつけなくてはと思い、彼の今回の行動を、その集会の場で言葉鋭く批判してしまった。

義弟の場合もそうであったが、今やサタンは美学や哲学や思想を使って若い魂を暗黒の深淵に引きずり込みつつある。三島の場合、私がどうしても許せなかったことがあった。この重大事件決行の一か月前に東武百貨店で《三島由紀夫展》なるものを開き、その入り口に、彼がボディ・ビルと剣道で鍛えた豪華な裸体で見事な居合い抜きの斬り捨ての一瞬をとらえた大写しの写真とその刀――それはそれから一か月後に彼の首を介錯するために使用されることになっていた銘刀「関の孫六」――その二つのものを「これを見よ！」とばかりに飾りつけ、三島は、何も知らずにこの展示場に入場してくるすべての者にそれを見せつけ、やがてすぐ、その刀を使って自決を遂げていったのだった。

私は、こういう芝居じみたことがいただけなかった。しかも、そういう芝居に、なぜ有為な若者までも巻き込んだのか。許せない、と思った。〉（前掲書三六七頁）

諫めるための死

この話を聞いた手島郁郎先生が、財津先生に重要な問題提起をします。

〈その時、先生は黙って聴いておられた。ただ私には、火曜夜の集会まで残るように、と言われた。それもそうだろうと思った。

三島が投げかけた問題は、今の日本にとって極めて重要な問題で、それに文字どおり自分の生命までたたきつけて叫んだ壮挙には、もっと威儀を正して注目すべきであって、美学の範囲に話をしぼり込んだのでは、大事な問題をとらえ損なうのではないのかと、自分のなかに異を唱えるもう一つの自分もあった。

だが、火曜集会の場では、私は日曜に話した立場に留めおかれて、先生はその私と対論風に話を進めながら、問題に入っていかれた。

先生の言いたかったことは、「財津くんは三島の死は狂死だったというが、ぼくは三島は偉いと思った。彼の死を人は狂死というが、だらけた日本を嘆いての憤死ではなかったのか、また諫死ではないのか。演技的行動をやってのけたからといって、それを単なる狂気と

言い捨ててよいものか、どうか」ということであった。〉(前掲書二六八頁)

手島先生の財津先生に対する問題提起は、外在的なものではありません。財津先生が心の中に思っているが、明瞭な言語にできない「何か」を引き出すきっかけを手島先生は与えたのです。これこそが理想的な師弟関係と思います。手島先生は、ステパノの殉教との類比で三島由紀夫氏の自決について解釈します。

〈三島の死に引っかけて、先生は私たちに、否、私の魂に言うべきことがあったのだ。このことをさらに一週間後の聖日集会において、先生は「使徒行伝第六章」の殉教者ステパノの講義で激しく取り上げ、「愛に生き狂う生涯」と題して、今や書物の文字を通して強烈に叫び続けている。

「Zくんは『滅びの美学』だと言いますが、そういう面もあるかもしれない。しかし、狂気とも狂い死にとも見えるような行動をなぜしたのか。人間が自分で死ぬということは大変なことです」

「三島由紀夫は、『狂わないような人間は駄目だ』と言っているけれども、私もそうです。利口だったら、原始福音の伝道なんかしません。私は商売でも上手にやります。しかし、すべてを捨てて伝道に没頭しようとするのは、神の愛が私を狂わしめるんです」

「人間の死をもって訴える訴えは、大きい力をもっています。日本には昔から諌死ということがある。誰かの心を諫めるために死ぬ。三島の死は有島武郎や芥川龍之介の死と違って、今の時代に死をもって訴えたということは、ただでは終わらないと思う」

「アベルの血は、今も叫んでいます。イエス・キリストの十字架は、宇宙に叫んでいるんです。このことが分からなかったら、宗教などというものは成立しません」

「死を覚悟しないような信仰なら、せぬ方がいい。もう死んでも構わぬというくらいの尊いものがあるから、私たちは命かけて神に信ずるんじゃないですか」

「私は他の人と違います。私をファッショだと言って笑うなら笑え。そのくらいのことは平気です。もっと日本人の精神が復興することの方が大事だと思うからです」


先生の叫びはこうだ——神を知らぬ三島でさえ、戦後の日本が経済繁栄にうつつを抜かし、国の大本を忘れ、国民精神を失い、自ら魂の空白に落ち込み、国家百年の大計は外国に委ね、日本人自ら日本の歴史と伝統を潰している現状を見るに忍びず、自衛隊員の胸を揺さぶり、共に義のために立ち、日本を真の日本の姿に取り戻すために共に死のうと腹をかき切って死んでいったのだ。私はこの男は偉かったなあと思う……。

あれから四十年、先生は今なお私に問い続けている。

「財津くん、違うかね」と。〉(前掲書三六八〜三七〇頁)

「誰かの心を諫めるために死ぬ」という考え方はとても心を打ちます。これと同じ例が、一九六九年のチェコスロバキアでありました。カレル（プラハ）大学の学生で、プロテスタント教徒のヤン・パラフ君の焼身自殺です。

このことと三島由紀夫氏の自決との類比について私の考えを話します。

神学者フロマートカに惹かれて

Q君、キリスト教は自殺を禁止しているという話をよく耳にします。しかし、表面的には自殺のように見えても、自殺とは本質的に異なる殉教があります。Q君も御存知のように、私はチェコ神学を神学部と大学院で研究しました。特にヨゼフ・ルクル・フロマートカの神学に強く惹かれました。卒業論文も修士論文もフロマートカについて書きました。外交官になったのも、チェコ神学の勉強を仕事のかたわら続けることができると考えたからです。

一九六八年に当時のチェコスロバキアで、これまでのスターリン主義体制と訣別し、「人間の顔をした社会主義」を目指すべきだという民主化運動が起きました。この運動の下地をつくったのが、フロマートカをはじめとするプロテスタント神学者とガルダフスキーやマホベッツらのマルクス主義哲学者が、「人間とは何か」というテーマをめぐって積み重ねた対話です。しかし、残念ながら、「プラハの春」は一九六八年八月二十日のソ連軍を中心とするワルシャワ条約五カ国軍の侵攻によって、叩き潰されてしまいました。このときフロマートカは、軍事侵攻に対する抵抗運動の中心になりました。その結果、フロマートカは政治的に好ましくない人物とされました。フロマートカは、西側に亡命せずに一九六九年十二月二十六日にプラハの病院で死去しました。その後、フロマートカ門下の神学者には圧力がかけられ、チェコスロバキアでは神学研究に制約が加えられました。

パラフ青年の死の位置づけ

さて、一九六九年一月十六日、プラハの中心街にあるバーツラフ広場で、二十一歳の大学生がソ連軍の侵攻に抗議して焼身自殺を遂げました。ヤン・パラフ君というカレル大学の学生です。パラフ君はチェコ兄弟団福音教会のメンバーでした。フロマートカと同じチェコのルター派と改革派（カルヴァン派）の合同教会です。

パラフ君の死をチェコ兄弟団福音教会は、自殺ではなく、民族と祖国のための自己犠牲の死と位置づけました。その後、チェコスロバキアが共産党体制から脱却する過程で、パラフ君は象徴的役割を果たしました。ソ連がいかに強力であっても、チェコ人には命よりも大切な価値があるということをパラフ君は身をもって示したのです。

パラフ君の死と三島由紀夫の死には通底するものがあると思います。この関係で三島の死をめぐる財津正彌先生と手島郁郎先生の「演技」と「象徴的行為」に関する以下のやりとりが示唆に富みます。

宗教と「象徴的行為」

〈年が明けて一九七一年一月十四日、またもや白鳥湖で、今度は「北海道幕屋十周年聖会」

が行なわれた。不思議と三島由紀夫の四十六歳、私も四十三歳の誕生日であった。

夕食後、先生を囲んでの歓談のなかで、三島の話が出た。主に先生が話され、みんなは同調して聴き、私は黙って聴き入った。

「ところで、財津くん、きみはなぜ、あんなにむきになって三島にかみついたんだい？」

三島の投げかけた問題というのは、それは政治とか文学とかいう問題を超えて、生命かけての仕事をもっている者なら、誰しも真剣に取り組まなくてはならぬ大問題であった。

「はい、今はぼくも真剣に彼の問いの前に立っていますが、あのいきなりの当初の時には、やはり彼の《演技》というのに引っかかっていました」

「演技ねぇ。きみは演技はいただけぬと言うが、ぼくは旧新約聖書を読んで、キリストの弟子として生きている者として、きみのように演技が悪いとは一概に思わんよ」

「……？」

「だって、そうだろう。イエス様だって死をかけてエルサレムに入城されるとき、子ろばに乗って行かれたじゃないか。あれは、きみ、イエス様はゼカリヤ書に書いてあるシナリオどおりに演技されたのだよ……。だがね、これを演技と言ってしまったんでは、身も蓋《ふた》もなくなってしまうんだよなあ。こういうのを、宗教では『象徴的行為』というんだ」

それは実にありがたい問答であった。一片の鱗《うろこ》が私の眼から落ちたのだ。〉（前掲書三七〇～三七一頁）

手島先生が指摘した「象徴的行為」という考え方は、神学的にとても重要です。それは、象徴を通してしか、宗教が本質を表現することができないからです。宗教だけではありません。日本国家を成り立たせる根本を伝統的な言葉で國體と言います。わが日本の国体も、天皇陛下という象徴を欠いて語ることはできません。本質的な事柄については、象徴を通じて類比的に語ることしかできないのです。財津先生は、三島事件に関する記述に続いて、手島先生のステファノ（ステパノ）の殉教に関する講義について話を進めます。まさにここに象徴的解釈の神髄が現れています。まず、「使徒言行録（使徒行伝）」のステファノの殉教に関する部分を引用しておきます。ステファノは、逮捕され、最高法院に引き出され、大祭司たちの前で弁明します。その内容に激昂した人々は石を投げつけ、ステファノを殺害します。

ステファノの殉教

〈人々はこれを聞いて激しく怒り、ステファノに向かって歯ぎしりした。ステファノは聖霊に満たされ、天を見つめ、神の栄光と神の右に立っておられるイエスとを見て、「天が開いて、人の子が神の右に立っておられるのが見える」と言った。人々は大声で叫びながら耳を手でふさぎ、ステファノ目がけて一斉に襲いかかり、都の外に引きずり出して石を投げ始めた。証人たちは、自分の着ている物をサウロという若者の足もとに置いた。人々が石を投げつけている間、ステファノは主に呼びかけて、「主イエスよ、わたしの霊をお受けください」と言った。それから、ひざまずいて、「主よ、この罪を彼らに負わせないでください」

と大声で叫んだ。ステファノはこう言って、眠りについた。〉（「使徒言行録」七章五四～六〇節）

この引用は、新共同訳ですが、口語訳からも引用しておきます。聖書の翻訳はあくまでも解釈です。Q君はコイネーギリシア語に熱心に取り組んでいることと思いますが、ギリシア語の聖書を読み解く力をつけるにはもう少し時間がかかるというのが現実でしょう。それですから、聖書の重要な箇所を勉強するときには、複数の聖書、特に新共同訳と口語訳の双方に目を通すことを勧めます。

〈人々はこれを聞いて、心の底から激しく怒り、ステパノにむかって、歯ぎしりをした。しかし、彼は聖霊に満たされて、天を見つめていると、神の栄光が現れ、イエスが神の右に立っておられるのが見えた。そこで、彼は「ああ、天が開けて、人の子が神の右に立っておいでになるのが見える」と言った。人々は大声で叫びながら、耳をおおい、ステパノを目がけて、いっせいに殺到し、彼を市外に引き出して、石で打った。これに立ち合った人たちは、自分の上着を脱いで、サウロという若者の足もとに置いた。こうして、彼らがステパノに石を投げつけている間、ステパノは祈りつづけて言った、「主イエスよ、わたしの霊をお受け下さい」。そして、ひざまずいて、大声で叫んだ、「主よ、どうぞ、この罪を彼らに負わせないで下さい」。こう言って、彼は眠りについた。〉（「使徒行伝」七章五四～六〇節）

財津先生は、手島先生の講義についてこう記します。

〈一夜明けると一月十五日、白鳥湖は厚さ三十センチにも結氷し、十トンのブルドーザーが載って除雪してもビクともしない見事なスケート場になっており、私たちは湖面のいたる所に散って祈った。

最後の聖書講義は、使徒行伝第七章から「ステパノの殉教」のくだりであった。この時、私たちは驚くべき講義を聴いたというより、実に不思議な霊の瞬間をこの目に焼き付けられる経験をした。

それは、逮捕され、宗教裁判にかけられたステパノの大胆な答弁に議場の人々が歯ぎしりして彼に殺到してきた場面のくだりだった。

しかし、彼は聖霊に満たされて、天を見つめていると、神の栄光が現れ、イエスが神の右に立っておられるのを見た。そして、彼は言った。「見よ、天が開けて、神の右に立っている人の子を、私は見ている」と。

このステパノの叫びは、そのまま彼に石打ちの殉教死を招く決定的な一語であったわけだが、その時、彼の霊眼に映った人の子イエスは、彼のこの捨て身の信仰の叫びに、神の右に座ってではなく、立って彼を見つめてくださり、彼も無残な処刑の最後にいたるまで、その主の御名を呼びつつ眠りについたのである。

私たちは、先生のその講義を必死に追いかけ筆記していた。ところが、その講義がピタリと止まった。私たちは、やっと書くのを追いつき、そこで顔を上げた。と、そこに、驚きのことが起きていた。

そこに、白銀のように輝く顔の先生が、前方の一角をジーッと見つめ、身じろぎもせず立っておられたのだ。私たちもただ沈黙に息を呑み、その先生を見つめているだけであった。

やがてまた、講義は続けられた。〉（前掲書三七一～三七二頁）

日本民族と教会

まさにこれが、聖書に基づいた象徴的行為です。イエス・キリストに従うステファノの殉教の姿が、時空を超え、類比として、手島郁郎先生の存在そのものとして現れるのです。哲学的操作を加えた神学とは異なる、真実の福音がここに現れています。このくだりを読んで、財津正彌先生が日本基督教団の牧師を辞め、「キリストの幕屋」の伝道活動に生涯を捧げた理由が、私にはよくわかりました。良き師との出会いを通じてしか、福音の本質をつかむことはできないと私は思っています。

日本のプロテスタントの大多数が、日本国家、日本民族について、あるところで思考を停止します。私は日本キリスト教会で洗礼を受け、その後、日本基督教団に転会しました。先日も、日本基督教団の牧師たちと今後のキリスト教のありかたについて、突っ込んだ意見交換をしました。そのとき日本国家、日本民族について、もっと正面から取り組むべきだ。それが同志社大学神学部の伝統だと私は強調しました。私は財津正彌先生を日本のキリスト教の誇りと考えます。そして、財津先生の本を通じて知った手島郁郎先生も日本のキリスト教の誇りと感じます。

日本を憂う財津先生

財津先生は、東日本大震災を踏まえ、日本の現状を憂え、こう述べます。

〈そして今年、三月に入ったときである。肝つぶれるような大変な事態が日本に襲いかかってきた。ああ、この東日本大震災の目をおおうような脅威と惨害、それに底知れぬ恐怖をもたらした原発事故……。こんなにも大変な国難を見せつけられ、それに対して自分は何もできず、できることは被災し逝去された方々のためにただ冥福を祈りながら、ひたすらこの書の書き上げに没頭することであった。

書きながら内心に突き上げてくる思いがあった。かつて私たち日本人は、未曾有の敗戦の苦しみから必死に起ち上がってきたが、今こそ我ら日本民族は第二の起ち上がりを、それも民族精神の根本からの立ち直りを遂げねばならないのではないのか……。

その点、手島郁郎という先生は、キリストの弟子であったが西洋かぶれの風など微塵もなく、骨の髄まで大和魂で培われた日本人であった。その伝道においても、日本精神を強調してやまなかった。というのは、この先生は「大いなるもの」に命を捨ててかかる日本人のほうが、個人主義に重きを置く西洋人よりも遥かに福音書のキリストに近いと、体験からの確信に立って叫んだ。するとキリストもこの先生の伝道に、福音書そのままの御働きをもって応えたまい、確かなる裏付けをして下さった。こんなにも大事な日本精神を見失ってどうするか！　というのがこの先生の口から常に飛び出す言葉であった。

今や稀有の国難に、ここでこそ日本魂を自らのうちに回復する掛け替えのないチャンスとしなければならない。私は、このことをキリストの名において願い、この手島郁郎という方を、今の日本のことを憂えておられる同胞の方々に、心込めて書き伝えたいと思った次第である。〉（前掲書四一三～四一四頁）

財津先生の「手島郁郎という先生は、キリストの弟子であったが西洋かぶれの風など微塵もなく、骨の髄まで大和魂で培われた日本人であった。その伝道においても、日本精神を強調してやまなかった」という言葉に私は強い感銘を受けます。

私が尊敬するヨゼフ・ルクル・フロマートカは、ドイツやロシアにかぶれることなく、骨の髄までチェコ精神、すなわち火刑に処せられたチェコの宗教改革者ヤン・フスの魂を引き継いだ、チェコ人でした。私はフロマートカ神学を通じて、キリスト教徒は、他のいかなる宗教を信じる人やどの宗教も信じない人よりも、国家と民族をより深く、より現実的に理解することができるという確信を持つようになりました。財津先生の『キリストの火に　手島郁郎とその弟子たち』からもフロマートカ神学に通底するものを感じます。

Q君、財津先生の本をあなたの周囲の神学生にも是非勧めてください。

（二〇一一年十一月十七日脱稿）

28話　ホロコースト生き残りの証言

Z君に是非読んで欲しい本があります。『甦《よみがえ》りと記憶　アウシュヴィッツからイスラエルへ』（イジク・メンデル・ボルンシュタイン著／アグニエシュカ・ピスキエヴィッチ編（［滝川義人訳］）です。滝川義人先生の訳文が素晴らしいです。私はこの本から強い感銘を受けました。本書は神、民族、国家について考える重要なきっかけを与えてくれます。それだから、私はこの本の解説を書きました。二十一世紀の日本を担っていくZ君たちが是非この本を読んで、深く考えて欲しいのです。

番号になった囚人

著者のボルンシュタイン氏は、アウシュヴィッツ収容所でこんな体験をしています。

〈私は、「死の天使」として知られる全能の選別者、メンゲレ医師の触手に捉えられなかった。メンゲレは、ここでは神として君臨していた。彼の指が器用に右、左と動く。その動きは生と死を意味すると言われた。メンゲレが囚人を並ばせ、自分の判断で決めるのである。幸運にも彼の判断で生の方に選ばれた者は、労働につく。やせて弱っている人は、役立たずと判断され、そのままガス室へ送られる。選別された人々は、これからシャワーを浴びると考えていた。実際には、右と左両方とも死の宣告であった。今は労働用でも、ろくろく食物を与えられず、こき使われて消耗すれば、ガス室へ送られる。いずれにせよ死ぬのは時間の問題にすぎなかった。

アウシュヴィッツまで歩かされた私は、ほかの囚人とともに列に並び、おとなしく登録を待った。私は、自分の目で確かめるまで、それが何を意味するのか、信じられなかった。入れ墨のことである。彼らは私達に入れ墨で番号をつけた。これが収容所入りの登録であった。非情な命令に従って、私は左腕を差し出した。ドイツ的正確さと経験をもって、あっという間もない。

しかし、正統派のユダヤ人にとって、それは永遠の苦しみと屈辱であった。私は心の中に神の言葉を聞いた。「あなたは、死人のために身を傷つけてはならない。また、身に入れ墨をしてはならない。わたしは主である」(レビ記一九・二八)と。私の魂は泣いていた。これまで私は、戒律にもとることを沢山経験してきたが、入れ墨で破戒はここに極まった。

私はもはやイジク・メンデル・ボルンシュタインではない。人間ではないのである。私の新しい名前はB－94である。私は一個の数字になった。奇妙な洗礼で私はこの新しい世界に入れられたが、ジプシーの集団に加えられ、B－94としてこれから彼らと一緒に働き、生きていくのである。〉（二一九～二二〇頁）

番号で呼ばれる体験

両親から与えられた自分の名前でなく、番号だけで呼ばれるという「奇妙な洗礼」を私も受けたことがあります。

今から十一年前、鈴木宗男事件に連座して、東京地方検察庁特別捜査部に逮捕され、東京拘置所に五一二日間勾留《こうりゅう》されたときのことです。拘置所では囚人一人一人に称呼番号が与えられます。私の称呼番号は1095番でした。一桁の番号が5か0になっている囚人は要注意人物とのことでした。拘置所の中では、サトウマサルという氏名で呼ばれるのは、出廷で東京拘置所の外に出るときくらいでした。それ以外はいつも「1095番」と呼ばれました。番号化することによって、拘置所は各人の人格を消去するのです。

筆者の場合は、権力闘争に巻き込まれて逮捕されました。筆者が外務省で北方領土交渉に寝食を忘れて取り組むことがなく、それ故に鈴木宗男氏と知り合うこともなければ、筆者が逮捕されることはなかったでしょう。あるいは、森喜朗政権が続き、二〇〇一年三月のイルクーツク声明の延長で北方領土交渉が行なわれ、歯舞群島、色丹島が早期に日本に返還され、国後島、択捉島の帰属に関する協議が継続されるという結果が出ていた場合も、筆者が逮捕されることはなかったでしょう。

これに対して、ボルンシュタイン氏らは、ユダヤ人であるということが唯一の理由で逮捕され、絶滅収容所に送られてしまったのです。

私は著者イジク・メンデル・ボルンシュタイン氏の生涯について息子のヨッシ・ボルンシュタイン氏から知りました。

ヨッシを私に紹介してくれたのが、本誌にも連載をしているイスラエル情報機関元高官のイスラエル・グリーン氏です。グリーン氏の父もアウシュヴィッツの生き残りです。グリーン氏は私に滅多に人を紹介しません（これはインテリジェンスの世界で長く生きていた人の習性です）。あるときグリーン氏は「私のビジネスパートナーのヨッシは、きっと佐藤さんと波長が合う」と言われました。「あなたがそういうならば、喜んで会う」と私は答えた。また、この本のオリジナルが出る前で、二〇〇六年の夏、来日したヨッシと会いました。グリーン氏の予測どおり、私達は波長が合いました。そのときのヨッシの話で、印象に残っているのが、この本にも記されている二つのエピソードです。

死の天使メンゲレ医師

一つ目は、アウシュヴィッツ収容所の病棟で、「死の天使」と恐れられたメンゲレ博士（医師）とボルンシュタイン氏がたち会ったときの話です。

〈（ヘルニアの）手術の翌日、思い悩む私は、監督官の訪問で現実に引き戻された。死の天使、メンゲレ医師である。室内に入ると、メンゲレは冷たい威圧的な声で、「全員ベッドから出て、前向きに整列せよ」と言った。患者はおとなしく部屋の中央に並び、そこを彼が指を左や右に動かしながら歩いて行く。選別である。全員が治療継続の特権を得るわけではない。

メンゲレは私を見た。命令に従わず、ベッドに横になっている囚人である。「この犬はどうして私の前に立たんのか」メンゲレはシュペルバー医師に向かって言った。医師は恐れ入って目を伏せた。そして丁寧な言葉でこちらへどうぞと言い、毛布を払いのけると、私の傷口を見せた。「患者は非常に弱っています。手術からまだ二十四時間もたっていません」医師はおずおずと説明した。

メンゲレは、私をじっくりと観察し、「犬よ、いつ仕事に戻る」とたずねた。私はすっかりおびえて、目も開けられない。私は毛布の端を見ながら、恐れ入った声で「ここに先生がいらっしゃいます。先生のおっしゃるとおりに何でもいたします」と答えた。

ちょっと間をおいて、私はメンゲレの声を聞いた。「この小汚い犬が回復した後は、お前の許で働かせよ。患者に対する注射、投薬及び食物配布を仕事とする。教えてやれ。こいつは、収容所の解体までお前のところにいることとする」とメンゲレは命じ、あたりを見まわして部屋を出て行った。

その日メンゲレが何故そのような決定をしたのか、私は今日に至るも分からない。私の答えが気に入ったのであろうか。その日は気分が良かったのか。彼に慈悲の心があったとは思えない。この男は、私のところへ来るまでに、患者数名に対し冷酷にも死刑を宣告した。指一本右左と動かすだけで、焼却炉、作業、焼却炉、作業と決めていったのである。

彼の決定で私の命が救われた。これは事実である。シュペルバー医師の許で働くのは、これまでよりは良い食物の規則的支給を意味する。今や、おなかが一杯になるまで食べられるのである。〉(一三二〜一三四頁)

ナチス軍人のちょっとした気まぐれで、人間の命が生かされもし、消されもするという現実に私は戦慄《せんりつ》しました。ちなみにボルンシュタイン氏は、アウシュヴィッツ以外の収容所で以下の悲劇を目撃しています。

愛玩物だった少年の死

〈この収容所は、プワシュフ第一労働収容所ということが分かってきた。そこの駅名がミューラー・フロイツハイムである。ミューラーは収容所所長の名前である。ミューラーは大きい犬を連れ、馬に乗っていた。それに、可愛いユダヤ人少年がいつも連れ添っていた。ミューラーの愛玩《あいがん》物で良い暮らしをしていた。私達には禁じられ、夢で見るしかないことを、その少年には許されていたので、うらやましく思うこともあった。時々その少年は馬に乗った。笑いながら心地好さそうに疾走する。私達よりずっと良い食物を与えられているのは確かであった。〉(八七頁)

この少年はユダヤ人収容者の規則違反についてドイツ兵に密告します。そのせいでボルンシュタイン氏も懲罰を受けたことがあります。しかし、この少年も決して安全地帯にいたわけではありませんでした。

〈ある日バラックの中で私達が窓の外を見ていると、ミューラーと少年が突然姿を現した。普通の日で、日没までまだ間があったから、外がはっきり見えた。少年はシャベルで穴を掘った。掘り終わると、少年はシャベルを地面に置き、穴の中に入った。それからである。驚いた事に、ミューラーは拳銃を引き抜くと、いきなり少年を撃ったのである。少年は穴の中にくずおれた。後で分かったのであるが、少年は自分の墓穴を掘らされたのである。なぜだろう。何が起きたのであろう。私達は全く理解できなかった。少年はミューラーの愛玩物だったではないか。見られたらまずいので、私達はすぐ窓から離れた。

この事件で私達は、すっかり憂鬱になった。最初この少年が寵愛《ちょうあい》されているのを見たとき、私達は不愉快であった。（中略）私は、あのような悲しい死に方をした少年を、本当に気の毒に思った。殺人の動機は何であろう。ミューラーは、少年を必要としなくなったのか。あの少年では満足しなくなったのではないか。あるいは、少年が知ってはいけないものを見たからとも考えられる。いずれにせよ、推測の域をでなかった。その少年は、誰からも敬意を払われることのない、そこいらの穴に犬同様に埋められた。〉（九一頁）

ナチズムの恐ろしさ

ナチスのシニシズム（冷笑主義）に背筋が凍りました。

さて、ヨッシの話で二つ目に印象に残ったのは、ドイツ敗北直前のギュンスキルヘン収容所での出来事です。

〈ある日、いつもと何か違う感じがした。食事所からえも言われぬ匂いが漂ってきて、私の鼻をくすぐるのである。信じられなかった。夢かうつつか分からない。幻想かと思った。彼らが温かい食事を与えてから、もう数カ月もたつ。彼らがキャベツスープとか蕪《かぶ》スープと称する液体は、このようにおいしそうな匂いはしなかった。そう、誰かが調理しているのである。骨と皮だけの骸骨のような私達に、血と肉となるような滋味を約束しているかのようであった。

何故今になってこんなことが起きるのだろうか。赤十字の訪問で変化があったのだろうか。戦争が終わったのだろうか。人々は待てなかった。考える余裕がなかった。飢えのため、匂いにつられ、彼らはやみくもに走って行った。悲しいかな、私には体力がなかった。立つことすらできないのである。食べたいと心の底から思った。全員に行き渡るだけの量があるのか、心配であった。まだ体力の残っている人達が真っ先に駆けつけ、量も多くとる。私が予想したとおりだった。そしてその人達はハンガリーのユダヤ人達であった。私は、この御馳走にありつけないので、がっかりして横たわっていた。

それから数分後、私のまわりの様子が、急におかしくなった。骨と皮ばかりの人々が、そこいら中に転がって、もがきだしたのである。体を痙攣《けいれん》させている人、嘔吐する人、しゃがみこんで便を垂れ流している人。多数の人が、嘔吐と下痢便にまみれて、のたうつ凄惨《せいさん》な状況下になった。食べ過ぎたのだろうか。胃腸が受けつけないのか。どう考えてよいのか判断がつきかねた。

しかし、すぐにはっきりした。第一、本物の食事を支給することなどあり得ない。私達は極めてナイーブであったにちがいない。これは、彼らが土壇場で仕掛けた罠であった。スープには毒物が混入されていたのである。各地の収容所で虐待され、飢えに苦しんできた若者達が、さまざまな苦難に耐えて生き残った末に、この無意味な戦争が終わろうとする段階になって、むごい死を迎える羽目になった。〉（一六七～一六八頁）

ナチズムというイデオロギーに取り憑かれたドイツ人たちは、敗北の最後の瞬間においてもユダヤ人絶滅という計画を放棄しようとしなかったのです。ボルンシュタイン氏はスープの鍋に近づきたかったが、あまりに体力を消耗していたためにそれができなかったのです。そのおかげで、命拾いしました。

民族の生き残りのために

ボルンシュタイン氏は、自らの体験を、ユダヤ民族とイスラエルの歴史と重ね合わせて解釈します。

〈振り返って考えると、私達の文明は過去数千年間不断に苦しみを受け、私達が心安らかな時を過ごしたことはない。特定の地で栄えても追い出され、その地における歴史からもほとんどが抹消されてしまう。まわりにはいつも敵がいて、虎視眈々《たんたん》として構えている。私達のユダヤ的性格を狙い撃ちにするのである。私達は、迫害され、憎悪され、せっかく築いた住み家から追放されてしまう。ユダヤ史はその繰り返しであり、私達の文化に刻みつけられているようにみえる。狙い撃ちにされるのは、私達の女子供であり、シナゴーグであり宗教であった。古い伝統が破壊され、あるいは朽ち果てた。事例なら無数にある。社会は生まれ、破壊される。その繰り返しである。

しかし、敵はさぞかし失望したであろうが、私達は生き残った。絶対に手をあげることはなく、如何に絶滅の危機にさらされようとも、灰から甦り、再建に着手するのである。私の命運は、ほかの生き残りの場合と同じように、我が民族の命運に沿っているのかも知れない。敵は、入念な抹殺計画で容赦なく私達を攻撃した。ほとんど計画完遂のところまでいったが、再び私達は救われた。私達は再び立ち上がり、文明の真髄を守り、再建し、枝葉をのばしていった。私達は父祖の地へ、そのルーツへ戻った。〉(二九六〜二九七頁)

民族や国家を守るというのは、抽象的観念ではありません。生き残るための具体的な行為なのです。ナチスドイツ支配下の、あの状況で、イジク・ボルンシュタイン氏は、文字どおり、生き残ることにすべてを賭けました。そして、イスラエルに帰還した後は、この国家とユダヤ民族の名誉と尊厳を保った生き残りのために銃を手にとって戦いました。同氏の生き方から、日本人と日本国家の生き残りについて、多くを学ぶことができます。そして、神が歴史の支配者であるという現実が本書を通じてリアルに迫ってくるのです。日本人と日本国家を内側から強化するための知恵を本書から読み取ることが重要です。

（二〇一三年七月十六日脱稿）

《完》

本書は隔月刊誌『みるとす』連載の「イスラエル並びにユダヤ人に関するノート」の第1回（二〇〇七年十月号94号）より第33回（二〇一四年六月号134号）までを再編集し、上梓したものです。なお、連載は同誌に引き続いております。

あとがき

本書のもとになった隔月刊誌『みるとす』への連載「イスラエル並びにユダヤ人に関するノート」は、二〇〇七年十月号から始まった。連載の冒頭に私はこう記した。

〈筆者が尊敬する「みるとす」編集代表の河合一充氏から、イスラエルとユダヤ人について連載する機会をいただいた。ほんとうに嬉しい。

筆者は、イスラエルの政府関係者、学者たち、またロシアのユダヤ系要人から、多くのことを教わった。情報（インテリジェンス）や知識についてだけでなく、人間の生き方についてもユダヤ人から多くのことを学んだ。この経験を二十一世紀に日本国家と日本人が生き残っていくために少しでも役立てたいというのが筆者の率直な気持ちである。筆者の体験談、中東情勢に関する分析、イスラエル流インテリジェンスの技法、キリスト教とユダヤ教の共通点と差異に関する神学的考察などについて記した「思索ノート」のような連載になる

と思うが、是非、最後までお付き合い願いたい。〉

本書は確かに「体験談、中東情勢に関する分析、イスラエル流インテリジェンスの技法、キリスト教とユダヤ教の共通点と差異に関する神学的考察など」について記したノートだ。しかし、それだけでなく、この連載は、私の信仰にとっても特別の意味を持っている。私はプロテスタントのキリスト教徒で、日本基督教団に属している。同志社大学神学部と大学院で組織神学を勉強した。具体的には、チェコのプロテスタント神学者ヨゼフ・ルクル・フロマートカ（1889～1969年）を中心にして、チェコスロバキアの社会主義国家と教会の関係について研究した。しかし、牧師やキリスト教主義学校の教師にはならずに、外務省に入り、ロシア（ソ連）を担当する外交官になった。外交官を志望した動機は、外務省に専門職員で入省すれば、チェコ語の勉強をできると考えたからだ。当時、神学研究を目的に日本から社会主義国のチェコスロバキアに留学する道はなかった。そこで、外交官になれば、通常の留学とは別の枠組み（外交官の語学研修）で、二年間、プラハのカレル大学に留学することができるので、その機会を利用して神学研究を継続しようと考えていた。外務省には十五年くらい勤務して、四十歳になった頃にアカデミズムか教会に転出しようと考えていた。もっとも世の中のからくりをよくわかっていない大学院生が頭の中で考えた計画をそのまま実現させてくれるほど外務省は甘い組織ではない。外務省人事課が私に命じたのは、チェコ語ではなくロシア語の研修だった。今になって振り返ると、神様がこのような道備えをしてくださったのだと思う。私とイスラエルの出会いについては、本文で記したので、ここでは繰り返さない。しかし、外交官にならなかったならば、私はイスラエルと真剣に向き合うことはなかったと思う。そして、河合一充氏と出会い、『みるとす』に連載の機会を与えられなかったならば、私はイスラエル、そしてユダヤ人から学んだ事柄を文章化する機会を逸してしまったと思う。私が学んだ事柄が端的に現れているのは、本書の以下の部分だ。

〈私は外交官でした。従って、政治やインテリジェンスを通じ、イスラエルとユダヤ人と接触しました。そこからアカデミズムとのネットワークも広がりました。最初、イスラエルの人たちと宗教や神学について話すことはありませんでした。徐々に関係が深まっていくうちに、超越性や神、あるいは唯物論や無神論について、突っ込んだ話をするようになりました。特に私はイスラエルのインテリジェンス・コミュニティーの人たちの影響を強く受けました。深い学識に裏付けられ、自由な思考をする知識人であると同時に、しっかりした国家観を持つイスラエルの愛国者であることを可能にする根拠は、ユダヤ教徒と私たちキリスト教徒が信じる神にあるのだということを皮膚感覚で実感したのです。そのことが、私の信仰と神学に強い影響を与えました。(中略)

ミルトス社から上梓された財津正彌先生の『キリストの火に　手島郁郎とその弟子たち』をQ君にも是非読んで欲しいと思います。この本にも私のキリスト教信仰に通底する「何か」があります。財津先生は、同志社大学神学部と大学院の先輩です。財津先生は、戦争中、海軍甲種飛行予科練習生として従軍し、戦後、キリスト教徒になり、同志社で学びました。一九五五年に同志社大学大学院神学研究科修士課程を修了し、日本基督教団の教職者になりますが、一九六二年に原始福音キリストの幕屋に移ります。『キリストの火に』を読むと、財津先生が、真のキリスト教徒であり、真の日本人とは何であるかという日本人キリスト教徒が抱えざるを得ない根本問題に正面から取り組んでいることがわかります。〉(二八五〜二八六頁)

本書を通じて、一人でも多くの読者が、普遍的な宗教や思想をどのように日本に土着化させるかという問題について考えていただければ幸甚だ。

本書の書籍化は、河合一充氏の御尽力と熱意なくしては不可能でした。また、連載を担当してくださっている谷内意咲氏の誠意にもいつも心を打たれます。この場を借りてお二人に深い感謝の意を表明します。

二〇一五年年一月十五日

佐藤　優

● 著者紹介

佐藤　優（さとう まさる）

作家。1960年、東京都生まれ。83年同志社大学神学部卒、85年同大学大学院神学研究科博士課程前期修了後、外務省入省。1995年まで在英国日本国大使館、在ロシア連邦日本国大使館に勤務した後、外務本省国際情報局分析第一課に勤務。主任分析官として活躍したが、2002年5月、背任と偽計業務妨害容疑で逮捕され、東京拘置所に512日間勾留される。2009年6月、最高裁により上告棄却、執行猶予付き有罪が確定し、外務省の職を失う。釈放中から精力的な執筆活動に取り組む。2005年のデビュー作『国家の罠』（新潮文庫）で第59回毎日出版文化賞特別賞、次作の『自壊する帝国』（新潮文庫）で第5回新潮ドキュメント賞、第38回大宅壮一ノンフィクション賞を受賞した。他に『獄中記』（岩波現代文庫）『甦る怪物 私のマルクス』（文藝春秋）『外務省に告ぐ』（新潮文庫）『新帝国主義の時代』（中央公論新社）『宗教改革の物語』（角川書店）など多数。

● 装幀：クリエイティブ・コンセプト

イスラエルとユダヤ人に関するノート

2015年2月23日　初版発行
2015年3月21日　3刷発行

著　者　佐　藤　　優
発行者　河　合　一　充
発行所　株式会社　ミ　ル　ト　ス

〒103-0014 東京都中央区日本橋蛎殻町
1-13-4　第1テイケイビル4F
TEL 03-3288-2200　FAX 03-3288-2225
振替口座　00140-0-134058
http://myrtos.co.jp　pub@myrtos.co.jp

印刷・製本　日本ハイコム　Printed in Japan　ISBN 978-4-89586-045-1
定価はカバーに表示してあります。

天と地の上で――教皇とラビの対話

教皇フランシスコ／ラビ・A・スコルカ 著
八重樫克彦・由貴子 訳

教皇フランシスコの人柄と信条が明らかにされる対話。キリスト教とユダヤ教の間に温かで肯定的な関係を築く。欧米でベストセラーの書。一六〇〇円

小説キリスト【復刻版】

賀川豊彦 著

世界的なキリスト教伝道者・大ベストセラー『死線を越えて』の作者が、渾身五年の歳月をかけて、この小説にキリストの愛の姿を描いた。三〇〇〇円

悲しみと希望
ラビン首相の孫が語る 祖父、国、平和

ノア・B・ペロソフ 著
石坂廬 訳

イツハク・ラビン首相は平和を願う故、同胞に暗殺された。その悲しみの中から孫娘の著者は、祖父の人柄を語り、平和追求の理想を述べる。一四〇〇円

マスコット
ナチス突撃兵になったユダヤ少年の物語

マーク・カーゼム 著
宮崎勝治・栄美子 訳

五歳のユダヤ人の少年は、出生の秘密を隠してどうして生き延びることができたのか。さながら推理小説のようなノンフィクションの物語。二二〇〇円

マサダの声

デヴィッド・コソフ 著
持田鋼一郎 訳

死海のほとりの要害マサダを舞台に、民族の誇りをかけて闘争した壮絶なドラマがあった。ユダヤ戦争の壮大な悲劇を歴史小説化した大作。二五〇〇円

※表示は本体価格。別途消費税が加算されます。